「めあて」と「まとめ」の
授業が変わる

「Which型課題」の国語授業

桂 聖 編著
N5国語授業力研究会 著

東洋館出版社

「Which 型課題」の国語授業――「めあて」と「まとめ」の授業が変わる――

　仕事柄、全国各地の先生方の授業を観たり、先生方と一緒に話したりする機会があります。その際、よく出てくる話題が「めあて」と「まとめ」です。教育委員会や管理職の方々から「めあては、授業の最初に書きなさい」「まとめは枠で囲んで書きなさい」などのように指導されることがあるようです。

　もちろん、「めあて」と「まとめ」には、メリットがあります。一番のメリットは、子どもにとって、わかりやすい授業になることが多いことでしょう。しかし、デメリットもあります。めあては、必ず最初に示さなくてはならない。まとめは、枠で囲まなくてはならない。こうして「～ねばならない」が始まった時には、必ず形骸化してしまいます。すると、子どものためではなくて、教師の都合の「めあて」と「まとめ」になります。形骸化した「めあて」と「まとめ」は、「えっ、どうして？」「やってみたい！」「なるほど！」のような子どもの能動的な学びが置き去りになる可能性があります。

　では、「めあて」と「まとめ」の授業を、どのように変えていけばよいのでしょうか。

　私たちは、この一つの提案として、「Which 型課題」の国語授業を提案します。「Which 型課題」とは、「子どもが選択・判断する学習課題」です。例えば、「A か？　B か？」「1、2、3のうち、どれが一番○○○か？」のようにして、選択・判断する場面をつくります。

　「Which 型課題」のよさは、何よりも、全ての子どもが授業に参加できることです。明確に理由をイメージできなくても、とりあえず、どれかを選択したり判断したりするだけなら誰でもできるからです。「What 型」（何？）、「How 型」（どのように？）、「Why 型」（なぜ？）の課題では、学習活動に乗れない子がいます。しかし、「Which 型」（どれ？）の課題なら、主体的な学びの第一歩を踏み出すことができるというわけです。

　「Which 型課題」の国語授業は、次のように進めます（括弧は子どものつぶやき）。

①問題意識の醸成	（うん、そうだよね）
②「Which 型課題」の設定	（えっ？　どれかな？）
③考えのゆさぶり	（だめ！　なぜなら～。なるほど！）
④学習のまとめ（答え・整理・発展）	（確かに。他にもあるよ！）

　子どもの「問題意識」や「学びの文脈」に寄り添いつつ、国語授業を進めることを大切にしています。同時に、系統的・明示的に指導します。詳しくは、本書をお読みください。

　「Which 型課題」の国語授業は、新学習指導要領が目指す「主体的・対話的で深い学び」を実現する国語授業のあり方の一つだとも言えます。「Which 型課題」の国語授業が全国各地に広がっていくことで、「面白い！」「わかった！」という子どもたちの声や笑顔が増えていくことを願っています。

桂　聖・N5 国語授業力研究会

目　次

「Which 型課題」の国語授業
──「めあて」と「まとめ」の授業が変わる── ………………… 1

第1章　写真でみる「Which 型課題」の国語授業＆授業ディスカッション

1　問題意識の醸成 …………………………………………………… 6

2　「Which 型課題」の設定 ………………………………………… 8

　（1）7 段落の説明がいいと思った子の意見 …………………… 9

　（2）6 段落の説明がいいと思った子の意見 …………………… 10

　（3）8 段落の説明がいいと思った子の意見 …………………… 14

3　考えのゆさぶり …………………………………………………… 15

4　学習のまとめ ……………………………………………………… 17

第2章　「Which 型課題」の国語授業

1　「めあて」と「まとめ」による国語授業の問題 …………… 20

2　「Which 型課題」の国語授業づくり ………………………… 22

3　「Which 型課題」の授業例 …………………………………… 23

4　「Which 型課題」づくりの理論と方法 ……………………… 26

5　「Which 型課題」の国語授業における留意点 ……………… 31

第3章　「Which 型課題」の授業展開

1年　おおきなかぶ ………………………………………………… 38

　　　　くじらぐも ………………………………………………… 40

　　　　たぬきの糸車 ……………………………………………… 42

くちばし	44
じどう車くらべ	46
どうぶつの赤ちゃん	48

2年
スイミー	50
お手紙	52
スーホの白い馬	54
たんぽぽのちえ	56
どうぶつ園のじゅうい	58
おにごっこ	60

3年
ちいちゃんのかげおくり	62
三年とうげ	64
モチモチの木	66
こまを楽しむ	68
すがたをかえる大豆	70
ありの行列	72

4年
白いぼうし	74
一つの花	76
ごんぎつね	78
動いて、考えて、また動く	80
ウナギのなぞを追って	82
ヤドカリとイソギンチャク	84

5年
なまえつけてよ	86
大造じいさんとガン	88
注文の多い料理店	90
見立てる	92

| 天気を予想する | 94 |
| 想像力のスイッチを入れよう | 96 |

6年
カレーライス	98
やまなし	100
海の命	102
笑うから楽しい	104
時計の時間と心の時間	106
『鳥獣戯画』を読む	108

第4章 読むことの授業過程における二つの「ゆさぶり発問」
──「広げる」ゆさぶり発問と「深める」ゆさぶり発問──

はじめに──ゆさぶり発問の新しい可能性	112
1 「広げる」ゆさぶり発問と「深める」ゆさぶり発問	113
2 「授業のヤマ場」に着目した授業過程	115
おわりに	119

| おわりに | 122 |
| おわりに　追補 | 125 |

著者紹介

第 1 章

写真でみる

「Which 型課題」の国語授業
&
授業ディスカッション

写真でみる 「Which 型課題」の国語授業＆授業ディスカッション

「アップとルーズで伝える」

（光村図書　4年）

授業者　桂 聖
児童　筑波大学附属小学校3部4年

1　問題意識の醸成

桂　昨日に続いて、「アップとルーズで伝える」です。まず、音読していこうか。黒板に貼ったカードを音読しましょう。

【児童、カードを音読する】

桂　昨日は1人、おやすみした子がいました。なので、「昨日はこんな勉強をしました」と、休んだ子に説明できるかな？みんなの前で話してもらうまえに、隣同士で説明してみましょう。どうぞ。

【ペアで話し合い】

桂　そろそろいいかな。昨日勉強した内容を説明して下さい。どうぞ。

児童　昨日は長所と短所を勉強しました。長所というのはメリットで短所はデメリット。アップの長所は「細かい部分の様子がよくわかります」で……

桂　ここまではいいかな？　説明の内容が多くて長くなっちゃうから、聞いている人がわかりやすいように、区切りながら話してね。

ルーズについて

○広いはんいの様子〜よく分かります。　でも　×顔つき、視線、気持ち、〜なかなか分かりません。　対比

アップについて

○細かい部分の様子〜よく分かります。　でも　×選手以外の、多くの部分〜分かりません。　対比

Discussion

髙橋達哉（山梨大学教育学部附属小学校）

沼田拓弥（世田谷区立玉川小学校）

三浦　剛（町田市立鶴間小学校）

土居正博（川崎市立富士見台小学校）

正木友則（奈良学園大学）

桂　まずは、授業の背景部分の説明から始めましょうか。このクラスはじめて受け持つ子どもたちで、この年初めての説明文だったこともあり、私も子どもたちの学習経験や力を十分把握できていませんでした。そこで事前に「たねのたび」という別教材で、「問いと答え」「事例とまとめ」といった基礎を確認・学習した上で、この教材に臨みました。

　1〜3時間目までは、音読をしたり、はじめ・中の「いいところ」を選んで、その内容を話したり、ノートにまとめたりする活動をしてきています。前の時間では、「中」

児童 「それ以外がよくわかりません」、というのがアップの短所。次がルーズ。長所が「広い範囲の様子がよくわかる」で、「顔つきや視線がよくわからない」のが短所。
桂 みんな、いいかな？
児童 それと、細かい部分の様子がわかることが4段落では長所だけど、5段落だと細かい部分の様子が短所になっている。逆に、広い部分の様子が4段落では短所だけど、5段落では長所になっている。
桂 長所・短所が逆になっているんだね。
児童 それってつまり…
桂 「つまり」。いいね。「つまり」で説明してみてね。
児童 つまり、4段落の「細かい部分の様子がよくわかります」というアップの長所が、ルーズについて書いている5段落だと短所のほうに入れ替わっている。
桂 わかる？ 長所・短所、カードでは色で分けてあります。どっちがどっち？
児童 赤が長所、青が短所。
桂 見ていこう。説明の順番がどうなっているでしょうか？
児童全体 長所、短所、長所、短所…
桂 順々になっていますね。4段落での長所が、5段落にくると短所になっているんだね。
児童 もう1つ！ この説明文ではサッカーの試合について取り上げている。1段落は今ハーフタイムで休んでいる最中、2段落でもうすぐ後半がはじまり、4段落からゴールを決めた直後のシーンだから、後半の途中で、5段落になると試合直後。1段落から5段落までは、サッカーの試合の流れのとおりになっている。そのことを時間的順序、という。
桂 時間が順々に流れているんだね。
児童 つまり、この話は全部流れに沿っている。
桂 はい、そういうことを昨日やりました。素晴らしい。

のいいところを考える活動を通して「具体例が示されていること、事例が時間的な順序に基づいて並べられていること」を学習しています。それを受け、本時では6～8段落のいいところを考える活動を通して、「事例とまとめの関係」について学習するのがねらいです。
髙橋 前時に「中」のいいところを学習し、本時で「おわり」のいいところを学ぶ流れは子どもにとって自然な展開で、スムーズです。
三浦 前時の振り返りは、導入で必ず行いますか？
桂 前時で何をやって、それが文章のどこに立脚しているかを振り返りつつ本文を参照させることは、本時を進める上で重要です。自分で振り返ることができるようになるのが一番いいですが。
土居 授業前からクラスを見ていたのですが、桂先生が前で準備を始めますよね。そうしたら、3分前には自分で音読を始める子がいました。その子を先生がほめたらみんなも始めて、1分前には全員座って、音読に参加していたのです。学習に臨む姿勢が素晴らしいですし、国語の授業、きっと楽しいんだろうな、ということがうかがわれました。

写真で見る「Which型課題」の国語授業 & 授業ディスカッション

2 「Which型課題」の設定

桂　今日は、そのあとの「おわり」の部分です。その説明を勉強しましょう。
【(板書)】「「終わり」の説明のいいところは？」

桂　4はアップの事例、5はルーズの事例でした。それに続いて、「終わり」の説明のいいところはなんでしょう？　具体的には、6〜8段落のうち、どの段落の説明が一番いいと思いましたか？　考えてみましょう。
これは結構難しいです。いまから先生が音読をするので、「ここの説明はいい」と思った部分で拍手をしてみましょう。まず、拍手の練習をしましょう。拍手！
【児童、一斉に拍手する】

桂　大丈夫だね。先生が6段落から先を読んでいくから、ここの説明がいい、と思ったら拍手してね。いろいろいいところを見つけると思うけど、最終的に6段落・7段落・8段落のどれがいいかを決めます。ではいきましょう。

児童　「このように、アップとルーズにはそれぞれ伝えられることと伝えられないことがあります。(拍手) それで、テレビでは普通何台ものカメラを用意し…(拍手)……」

桂　はい、拍手した場所がたくさんあります。最後の8段落が一番多かったね。では、6・7・8段落のどの説明が一番いいと思ったか、理由といっしょにノートに書いて下さい。

児童　全部いいと思ったけど…

桂　そうだねぇ。でも、どれか1つ、一番いいと思ったのを選んでね。4分時間を取るから、まとめて下さい。
【児童、ノートにまとめる】

桂　そろそろ、どれを選んだか聞きますね。6段落の説

Discussion

桂　「「終わり」の説明のいいところは」という課題ですが、今日のねらいとしては、4-5段落の長所と短所の関係が「伝えられること」「伝えられないこと」と対応していること、また6の事例のまとめの後に、8ではテレビを含む全体の事例のまとめになっているとわかることです。そこにせまるための「Which型課題」として、「いいところはどこ？」と選び、考えさせるものにしました。

沼田　先にいいところを拍手させたことで、意見を表明しやすくなりますね。

三浦　それに、拍手する場所が様々になっているので、「○さんはあそこをいいと思ったんだ」と、他の子との意見の違い、クラスの多様性を認識しやすい側面もあると思います。

髙橋　細かい点かもしれませんが、「全部いいと思った」と言った子がいましたよね。そこで複数挙げさせるという流れもあると思いますが、おそらく意見の交通整理が難しくなることが予想できます。だから、その子の気持ちを汲んだ上で、1つ選ばせるという判断は理に適っているように思いました。

8　第1章

明がいいと思った子、起立！

【児童起立】

桂　全部で10人。次、7段落がいいと思った子？

【児童起立】

桂　3人。少ないね。最後に8段落は？

【児童起立】

桂　8段落が一番多いね。引き算で人数がわかるんじゃない？

児童　全体から10人と3人を引くから……18人。

桂　はい、順に10人、3人、18人でした。それぞれの段落の説明がどうよかったのか、理由を聞いていきます。みんなの前で言ってもらう前に、まずお隣同士で説明がよかった点を話し合って下さい。

【児童話し合う】

(1) 7段落の説明がいいと思った子の意見

桂　ではまず、少数派の意見から聞いていきましょう。7段落を選んでくれた人、立って下さい。どうしてよかったのか教えてね。

児童　伝えたい内容に合わせてどちらかの写真を使っているということと、取材のときにもいろんな角度からえらぶ、目的に合うことを選んでいるということがすごいと思った。

桂　なるほど、それらのどこがすごいと思ったの？

児童　人の気持ちを考えて選んでいるところ。

桂　伝えたい内容、取材、目的にいちばんあう物を選んでいる。それがいい理由として説明してくれたけど、何だっけ？

児童　人の気持ちを考えている。

桂　人の気持ちを考えている。他には？

児童　どのように写真を撮っているか、選んでいる

沼田　何人かは拍手をせず待っていて、最後8段落で待ち構えたように拍手していましたが……。

桂　8段落は予想外に多かったですね。この後、いいところを選ぶ活動に移りますが、拍手させたことで意見を出しやすくなった一方で、最後に意見が集中するようになって、意見のバランスに影響を与えてしまったかもしれませんね。

土居　説明文は最後が一番大事、と考えてしまうような風潮がありますよね。だから順々に進めていくと、最後に拍手をしたくなったんでしょうね。

正木　私は「ここの説明はいい、と思った部分」という言い方に注目しました。「いいところ」って、見る人によって変わりますよね。だから拍手させることとも相まって、「思ったことを言っていいんだ」と安心できて、話し合いも盛り上がっていました。

桂　国語には、論理的に1つの答えがある問いと、1人ひとり答えが異なる問いの2つがあります。「いいと思ったところ」を問うのは後者です。子どもたちにはこれまで、2つの違いは伝えているので、自分の考えに基づいて発言できているようです。

写真で見る「Which型課題」の国語授業＆授業ディスカッション　**9**

か詳しく説明していること。
桂　うん、それはどの言葉から考えたの？
児童　「伝えたい内容に合わせて〜」というところ。
桂　なるほど、そこから選んだんだね。いま先生が確認したように「どの言葉からそのように思ったか」は、考えておけるといいね。

(2) 6段落の説明がいいと思った子の意見

桂　じゃあ、次は6段落にいきましょう。6段落が一番いいと思った人、理由をいってね。
児童　6段落は、アップとルーズには伝えられることと伝えられないことがあって、伝えられないということが伝わるのがよかった。
桂　伝えられないこともある、ということを説明してくれたからよかった、と。
児童　付け足し！　最初に「このように」と書いてある。「このように」はまとめだから、6段落はその前までをまとめている。
桂　「まとめ」という話が出ましたが、そうすると、6段落はどこをまとめている？
児童　4と5段落。
桂　4・5段落をまとめて、「このように〜」と説明しているんだね。
児童　文章の中に、「目的に応じてアップとルーズを切り替えています」という説明があって、「目的に応じて」がいいと思った。
桂　どうして、「目的に応じて」がいいの？
児童　見る人のことを考えているから。
桂　なるほど。次、どうぞ。
児童　「伝えられること」「伝えられないこと」は長所と短所のことで、昨日の勉強の答えになっているから。
桂　今、すごいことを言っています。ピンときていない子もいるから、前で指さしながら説明してくれる？

Discussion

桂　ここで「目的に応じて」という発言が出てきましたが、もしかしたらここに注目して盛り上がっていくという展開も考えられます。例えば、8段落も「目的に応じて」ということをまとめた段落といえます。そうすると、「6段落で目的のことを言っているから、8段落はいらないよね？」とゆさぶり発問をする流れも考えられます。1つの可能性ですが。
三浦　確かに……でも、そういったことも事前に想定しているんですか？
桂　今の例はそうですね。「Which型課題」を提示するとき、子どもの思考ができるだけ拡散するようにしないといけませんが、他方で国語のねらいに持っていくための「収束」のプロセスも必要です。だから、この課題を提示したときにどんな発言がでるか、その場合どう展開・方向づけするかを、できるだけ考えておくことが必要です。もっとも、子どもがその想定を易々と超えることも多いですが。
三浦　例えば、本時のねらいに基づいて「〇〇という説明の工夫がある」ということを、教師が説明していくようにすすめるのは、簡単です。でもそれでは、恐

10　第1章

児童 （黒板の前で示しながら）段落に書いてある「伝えられること」は長所のことで、「伝えられないこと」は短所のことで、そのことが書いてあるところがいい。
児童 なるほど！
桂 今の説明を、自分の言葉で説明してくれる人？
児童 「伝えられること」がアップとルーズの長所で、「伝えられないこと」がアップとルーズの短所、4・5段落のそのことがまとめられているのが6段落だからいい、ということ。

桂 なるほどね。4段落から見ていくと、アップの長所（細かい部分がよくわかる）、アップの短所（それ以外がわからない）、ルーズの長所（広い範囲の様子がわかる）、ルーズの短所（顔つきや視線などはわからない）と来て、6段落も長所（伝えられること）、短所（伝えられないこと）となっています。長所・短所・長所・短所・長所・短所、となっている。
児童 本当だ！ すごい！
桂 そこに注目したんだね。
児童 目的に応じて、アップとルーズを切り替えていると書いてあるから、切り替えながら放送している。それで、4段落で長所になっているところが、5段落では短所になっている。逆に4段落で短所になっているところが、5段落では長所になっている。
桂 ここまでいい？ 4段落と5段落で、長所と短所の中身が逆になっている。
児童 目的に応じて放送している、って書いてあるから、4・5段落に書かれた、アップとルーズの長所のところをうまく使おうとする、ということ。
桂 それぞれ長所と短所になっていることを、目的に応じて使っている。
児童 6段落の、「アップとルーズにそれぞれ伝えられることと伝えられないことがあります」というのは、3段落の『アップとルーズでは、どんな違いがあるのでしょう？』という問いへの答えになっているから。
桂 どういうこと？ もう一回教えて？

らく子どもたちも面白くないでしょう。この段階で発言を広く引き出しているところが、後の場面につながっていきます。他方、教師の側からすると、即応的な力量が露わになる授業でもありますね。
正木 この展開の秘訣が、この「いいところは？」という問いかけです。感覚的な意見を含め、自由な考えを耕し発言させる「広げるゆさぶり」と言えます。
桂 この問いも「ゆさぶり」になる？
正木 限定し、比較して選択肢をつくって選ばせているので、ゆさぶりに含まれますね。

桂 なるほど。ちなみに説明文に限らず、物語文でも「このお話のいいところは？」という問いかけから授業をすることができます。
　なお、この拡散場面では、まだ整理できていない意見も出せるよう、できるだけ「何を言ってもいい」というスタンスをつくります。伝わりにくそうな場合には、「どういうこと？ もう一回教えて」や、「○○さんの言いたいこと、自分の言葉で説明してくれる人？」といった形でフォローしながら、話しやすい雰囲気や、聞く状態をつくっていきます。

写真で見る「Which型課題」の国語授業＆授業ディスカッション

児童　3段落の「アップとルーズではどんな違いがあるでしょう」という文が問い。6段落の言葉は、その答え。「問いと答え」の関係になっているから、この段落は大事。

児童　うーん、でも変じゃない？

桂　「変じゃない」だって。どこが変なのかな？

児童　「どんな違いがあるでしょう」が問いだったら、「○○な違いがあります」が答えのはず。でも、「伝えることと伝えられないことがある」だけだと、違いが説明されていないから、問いと答えになってないんじゃない？

桂　なるほどね。じゃあ、答えはどこにあるの？

児童　答えはないんじゃない？

桂　ない、という子もいるけど、この中に答えはあります。どこだろうね。まず、問いを音読してみよう。せーの。

児童　「アップとルーズでは、どんなちがいがあるのでしょう。」

桂　さあ、どこに答えがあるでしょう？　おとなりで話してみましょう。

【児童、話し合う】

桂　じゃあ、話してもらいましょう。どうぞ。

児童　4段落と5段落。アップのいいところとわるいところ、ルーズのいいところとわるいところを説明しているから、違いがわかる。

桂　その説明が、違いの説明だってことだね。

児童　だけど、4段落と5段落をまとめていないから、わかりづらくない？

児童　確かに説明をまとめてはいないけど、アップとルーズの違いは、4段落と5段落で説明されているよ。

桂　黒板を見てみると、違いがあるのはわかりやすいかな。アップとルーズ、それぞれの長所と短所があって、違っていることが説明されています。ここまではいい？

Discussion

三浦　このあたりから、「問いと答えの関係」に意見の焦点が移っていきます。

桂　本当は、後につながるように「事例とまとめの関係」に着目させたかったのですが、「問いと答え」の発言のあと、「問いと答えになっていない」「答えがない」という発言が出てきたので、軌道修正して丁寧に見ていきました。

三浦　予定外だったということですか？　拝見していて、全く感じませんでしたが……。

桂　そういう発言が出るかも知れないと想定して、その場合の展開もイメージはしてはいました。ただ、本当は次の時間にやりたい内容で、この時間で教師が持っていきたい方向ではなかったのです。でも、疑問がでた「今、ここ」という「学びの文脈」というものがあるので、子どもの疑問や発言を大事にして、展開を変えました。

髙橋　本文のどの部分の記述を根拠に発言しているかを丁寧に確認して、板書にも戻っていますね。

桂　前の時間のことですが、子どもの発言に、どこに根拠があるのか、という理由付けのための「本文への

いま、「まとめてないからわかりにくい」という意見もありました。でも実は、まとめている部分もあるんだよ。4段落のアップの長所・短所、5段落の長所・短所ときているよね。それが、<u>あそこにまとめられている！</u>
児童　6段落だと思う！
桂　6段落。詳しく教えて。
児童　アップとルーズのそれぞれ伝えられること、伝えられないことがある、という違いがまとめられている。
桂　今いったこと、みんなわかるかな？　続けて。
児童　「このように」でまとめている段落だし、「伝えられること、伝えられないことがある」という形で答えになっていると思う。もしかしたら、8段落の最後が「いるのです」と書いてあるから、問いの答えは8段落じゃないか、と思う人もいるかもしれない。でもそれは、6段落で説明をしてのことだから、やっぱり6段落が問いの答えだと思う。
桂　はい、みんなに説明してもらいました。<u>6段落は、3段落の問いに対して、4・5段落をまとめることで、その問いへの答えになっている</u>、ということですね。
でも先生、「問いへの答えになっていない」と言ってくれた子の気持ちもよくわかる。もしかしたら6段落のまとめの文に、「このようにアップとルーズには、それぞれ伝えられることと伝えられないことという○○があります」という言い方をしたら、もっとわかりやすく答えだと思うかもしれないですね。○○は何だと思う？

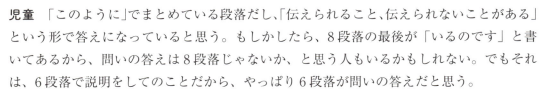

児童　……「違い」？
桂　そう！　「〜という違いがあります」だったら、「どんな違いがあるのでしょう」という問いへの答えになるよね。それだったらすっきりしない？
児童　確かに！
桂　実はさっき、大事な話がありました。答えには2種類あって、具体的な答えと抽象的な答えがあります。例えば4段落や5段落はどちらかというと…

戻り」が少々弱いという実感がありました。だから意識的に「どこに書いてある？」と聞いて、黒板でも図示するようにもしています。はじめに拍手をさせたのもその一環ですね。
土居　ここまで出てきた「いいところ」ですが、説明の論理と内容、両方の意見が含まれるように思います。これはどちらでもよいのですか？
桂　どちらもOKとしています。どちらかに絞り込みたい場合、例えば「説明の仕方のいいところは…」と問えば、論理の方の意見だけになると思います。た

だし、その方が難易度は高い。ここではできるだけ意見表明をしやすく、発言のハードルを下げるような提示の仕方を心がけています。
土居　意見を出しやすくすることを意識しているわけですね。拍手も問い方も、意見が自由にでること、それが本文に根拠づけられた考えであること、それらを意識させるべく仕組まれているといえます。
沼田　黒板のセンテンスカードに戻りながら、子どもとのやりとりを繰り返しているので、「問いと答えの関係」の根拠付けが明確になりますね。

写真で見る「Which型課題」の国語授業 & 授業ディスカッション　　13

児童　具体的!

桂　そう! 詳しい、具体的な答えです。6段落の方も答えなんだけど、こちらは……

児童　抽象的。

桂　そう、抽象的な答え。抽象的ってどういうこと?

児童　おおまか。

桂　うん。おおまかに説明している答えです。答えには、詳しいもの・大まかなものの2種類があります。読むときに気をつけて見て下さい。

(3) 8段落の説明がいいと思った子の意見

桂　じゃあ次、一番多かった8段落の人の意見です。どうぞ。

児童　8段落は話の範囲を広げているから。

桂　どういうこと?

児童　その前までは、サッカーの話しかしてなかったけど、8段落ではテレビや新聞とか、もっと広い話をしている。

桂　サッカー以外のテレビや新聞などに話を広げているからいい、ということだね。

児童　7段落に「写真にも」とかいてあるけど、「にも」ということは、その前の段落に同じようなことがあって、それに対して「写真にも」同じことがある、という説明になる。だとすると、6段落も7段落も近い内容になるから、それに比べると8段落の方がまとめとして大事だと思った。

児童　付け加え。6段落では「目的に応じて」と書いてあって、7段落には「伝えたい内容」と書いてある。この2つは同じことだと思うから、6・7段落は似ていると思う。

桂　「写真にも」という表現に注目したりして、8段落がまとめで特別だと思った。

Discussion

沼田　板書に貼られた写真ですが、4・5段落は少し高さを下げていますね。なにか理由が……。

桂　4・5段落は具体的な記述、6段落は抽象的な記述です。この違いを意識させたかったので、「抽象度」を視覚的に示すべく、少しずらしました。

髙橋　板書のことで僕も1つ。6段落のセンテンスカードの「伝えられること」「伝えられないこと」は、まとめとしての長所と短所にあたりますよね。同じ緑色のマジックで線を引きましたが、赤と青のマジックで色分けをしてもよいと思ったのですが。

桂　ここで色を分けると、違いがあからさまになりすぎると感じました。まとめ部分の長所と短所ということは子どもたちが自分で発見してほしいので、ここでは敢えて明確にしないようにしました。

髙橋　なるほど、恣意的になってしまうと……。

桂　色分け、発想としては正しいんですけどね。子どもに発見の喜びをつくるためのバランスですね。

正木　ゆさぶり発問の場面ですが、「6段落と7段落を入れ替えたら?」という質問が、子どもからでてきたことにびっくりしました。

14　第1章

児童　8段落は、アップとルーズの長所を選んで使おう、という大事な部分だと思う。
児童　6-7段落は、「新聞を見ると」とあるように、身近なことを出している段落だと思う。8段落は、全体的に終わりを含めてまとめているから、重要なところだと思った。
児童　似た考えだけど、8段落はテレビでアップやルーズを切り替えながらやっていくことで、聞き手が知りたいことを伝えることを説明しているから、いいなとおもった。
桂　テレビの例からまとめてる、ということだね。

3　考えのゆさぶり

児童　先生、ちょっと違う意見をいってもいい？
桂　うん、どんなこと？
児童　6段落と7段落を入れ替えたほうがいいと思った。
桂　どういうこと？
児童　5段落までの内容を6段落で「このように～」と一度まとめたのに、7段落でまた事例の文章が始まるよね？　もう一度具体例が出るなら、逆の方がいいと思う。
児童　あー、なるほど！
桂　6段落と7段落を入れ替えたほうがいい。「写真にも～」という例を説明したあとに、「このように、アップとルーズには～」とまとめた方がいい、ということ？
児童　うん、話の流れとしてそのほうがいいと思った。
桂　なるほど。さっき言ってくれたとおり、6段落の「このように」はまとめだよね。だとすると、6段落と7段落を交替してまとめてもいいかもしれない、と。

児童　それでもよさそう。
児童　いや、変えちゃだめなんじゃない？
桂　どちらの意見もあるね。「6と7を変えてもいいか、このままの方がいいか」をお隣で話し合って下さい。

桂　もともと私が用意していたゆさぶりは、「6段落でまとめが書かれている。だから6段落で終わりで、7・8段落はいらないよね？」というものでした。そこから、7段落でテレビ以外の新聞の例が出てきて、8段落でそれを含むまとめになっていることに着目させたかったのです。
　この発言が出たことに、拍手の「いいところ読み」をした影響があるかも知れません。というのは、前時は「中」を学習していたので、いいところを1つ選ばせたら、6段落になる可能性が高かったと思います。

「いいところ読み」を通じて、実際には8段落を選んだ人が多くなったので、「その前の6・7段落を交換しては」という発想につながったのかもしれません。この発言が出て、一瞬迷いましたが、もともとの発問を捨てて、この発言をもとにすすめるという判断に切り替えました。
三浦　実際、子どもの側からでた発言ですから、学びの文脈、考えたくなる必然性がありますよね。この直後での話し合いでも、事例とまとめについての関係を真剣に考える様子がうかがえました。

写真で見る「Which型課題」の国語授業 & 授業ディスカッション

（児童話し合い）

桂　では意見を言ってくれる人、どうぞ。

児童　変えちゃだめ。1〜5段落のテレビの例から、7段落で新聞の例になって、6段落でまたテレビだけのまとめになっちゃうから。

児童　付け足し！5段落までをまとめたのが6段落なので、7段落と8段落は、6段落までの話を広げたもの。いきなり7段落が6段落の前に来てしまったら、話が変わったようになってしまう。だから、6段落までで話をまとめた上で、7段落でほかの例にひろげ、8段落でまとめるという方が、説明の仕方としていいと思う。

桂　6段落までで一旦終わって、そのあと、7・8段落と広げたほうがわかりやすい、と。

児童　さっきと似ているけど、6段落には「伝えられることと伝えられないことがあります」という説明がある。7段落にはこの例がない。「伝えられること、伝えられないこと」の詳しい説明がないのに、まとめられるのはおかしい。

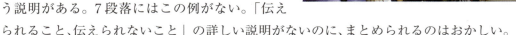

桂　まとめに対する詳しい説明がないから、このまとめかただと変になる、ということね。

児童　もし、7段落と6段落を入れ換えるんだったら、6段落の最後に「写真にも」というのを続けないといけない。6段落も写真のことについて書かないといけなくなる。

桂　なるほどね。8段落には「テレビでも新聞でも」と書いてある。はっきり説明されていないけど、テレビは映像で、新聞は写真が例です。だから「テレビでも新聞でも」という両方のまとめが8段落。テレビと新聞の具体例はどこに書いてある？

児童　テレビが1〜5段落、新聞が7段落。

桂　だから、8段落を見ると、テレビがきて新聞が来て、とい

Discussion

正木　このゆさぶり発問を通して、6段落と8段落、2つのまとめがあるという意見が出てきました。

桂　序盤からの「いいところ」を考えて意見が「拡散」してきた上で、事例とまとめの関係に収束するようにファシリテートしていきました。できれば、「アップの事例・ルーズの事例」という意味での事例1・2に加えて、テレビと新聞という違うカテゴリーの事例1・2がある、という2つの見方にも気付かせられれば、なおよかったのですが、時間や進度を考えて、「2つのまとめがある文章構成だ」というところで留めました。残りは次の時間に深める予定です。

正木　最後は「事例のまとめが2つある」という学習のまとめでしたが、テレビと新聞での事例という、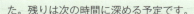「2つの見方」に着目した発言もあり、先生もその発言に言及しています。

桂　ただ、そこまで学習のまとめにすると、全員がついてくるのは難しい、と判断しました。学習のまとめには3種類あって、①論理を整理する②課題に対する答えを書く③わかったことをもとに発展させて考えたり書いたりする、というものですが、今日は①に着

うまとめの順番のままがいい、ということになるね。

児童 すごいなぁ。

4 学習のまとめ

桂 今日の勉強をまとめます。まず、答えには2種類があります。なんだっけ？

児童 抽象と具体！

桂 その通り。それと、この文章の問いと答え、まとめの関係です。さっき話してくれたように、3段落に「問い」、6段落に抽象的な「答え」がありました。そして8段落の「テレビでも新聞でも〜」という部分が、この文章のまとめになっていることだね。
さっき、「このように」に注目して、「まとめの言葉だ」、と説明してくれた子がいました。この「テレビでも新聞でも」も、「このように」と同じ働きがある言葉として読めますね。

児童 「このように」よりも、詳しく言っているように思う。

桂 そうだね、もう少し具体的だね。この文章はまとめが2つあって、1つが6段落の「このように〜」からはじまる、テレビ・映像を例にしたまとめ。それから、8段落の「テレビでも新聞でも〜」からはじまる、テレビだけでなく新聞・写真を含めた文章全体のまとめです。こういう、<u>2つのまとめがある文章構成になっている</u>んですね。
はい、よくがんばりました。ノートをまとめたら、先生のところに持ってきて下さい。

地させました。②であれば、さっきいった「2つの見方」にまでもっていく形が考えられます。今回は問いと答えの関係も丁寧に追ったので、②にあたる内容は次時で追究する予定です。

三浦 全体を見ると、意見を拡散させ、そこから方向づけてまとめに持っていく、自由度の高い授業だと思いました。ある意味、子どもにとってとてもやりやすく、教師にとっては丁寧にすすめることが求められる（笑）

髙橋 広げるだけ、方向づけるだけならそれほど無理なくできますが、両方行うとなると……拡散するほど、それをまとめに持っていくのが難しい。

土居 いい発言がたくさんある中で、どれを取り上げるかの判断も重要だと感じます。たくさん取り上げ過ぎると、思考が焦点化できなくなりますから。

沼田 どのような言葉が出るかだけでなく、どう取捨選択するか、事前の想定と判断力が問われますね。

正木 その根幹を支えるのが、「Which型課題」での拡散と、ゆさぶり発問での方向づけです。感覚的な意見から広げ、教科の本質へと収束させた授業だと思いました。ありがとうございました。

写真で見る「Which型課題」の国語授業 & 授業ディスカッション

第 2 章

「Which 型課題」の
国語授業

「Which型課題」の国語授業

筑波大学附属小学校　桂 聖

 「めあて」と「まとめ」による国語授業の問題

(1)「めあて」と「まとめ」の授業のメリット

　日本全国の学校現場では、国語授業において、導入で「めあて」を提示して、終末で「まとめ」をすることを推奨されている[*1]。

　確かに「めあて」や「まとめ」は、学習者にとって学ぶべき内容が明確になるというメリットがある。「めあて」によって、「何を」「どのように」学んでいけばいいのかが、明示的にわかる。また、「まとめ」では、教師が「めあて」の答えや解釈を明示的に整理する。「めあて」を提示したり、「まとめ」で整理したりすることで、学習者にとっては、わかりやすい国語授業になるかもしれない。

　しかし、一方、「めあて」と「まとめ」の授業は、デメリットも多い。以下、それについて挙げてみる。

　ちなみに、ここで言う「めあて」とは、「学習問題」「学習課題」を含んだ表現とする。また、「まとめ」とは、「めあてに対する答え」「授業の振り返り」などを含んだものとする。

(2)「めあての質」に関わるデメリット

　まず、「めあての質」に関わるデメリットである。めあての内容によって、学習者にはわかりにくい授業になることがある。

　例えば、5年生「大造じいさんとがん」の授業。「大造じいさんの三場面の気持ちを考えよう」というスローガンのようなめあてを掲げる授業は多い。これは「大造じいさんの気持ち」という「What型」のめあてになる。めあてが抽象的な内容になると、学習者には「どのように」考えればいいのかがわかりにくい。

　また、例えば「大造じいさんの心情変化を心情曲線に表そう」という「How型」のめあては、学習者の解釈が拡散して、それを整理できないことがある。それぞれの学習者によって、心情の基準が異なるからである。「どのように」という「How型」は、「まとめ」の整理が難しい。

　さらに、例えば「なぜ、大造じいさんは、銃を下ろしたのか？」というめあてもよくあ

る。これは「Why型」のめあてである。紙幅の都合上、詳細な説明は避けるが、このめあては、学習者自身で解決できるものではない。語り手の視点の特性から言って、読者の想像だけになってしまう。そもそも「なぜ〜なのか？」という「Why型」のめあては、国語が苦手な学習者の参加が難しい。

このように、「What型」「How型」「Why型」のめあてには、それぞれにデメリットがあるのである。

(3)「めあての設定」に関わるデメリット

次は、「めあての設定」のタイミングに関わるデメリットである。

めあては、授業の冒頭で、学習者の心構えに配慮することなく、いきなり提示されることが多い。そして、「では、みんなで、めあてを読みましょう」と、めあての音読を指示する。全員でめあてを音読しても、課題を共有したことにはならない。

本来、めあては、学習者の問題意識を引き出した上で設定されるべきである。**めあての設定によって、学習者が「考えたくなる」「動き出したくなる」ことが重要になる。**

めあての提示は導入の冒頭だけに限らない。

例えば、導入の冒頭では「〜をやってみよう」など、学習者に活動を指示する。活動をして「考えのズレ」を引き出し、「どっちが本当かな？」など問いかけた上で、めあてを提示する。

また、学習者の本質的な問いに寄り添って設定する場合には、めあてを授業の中盤で提示することもある。

授業の冒頭で、毎回、めあてを提示することで、学習者の主体性が萎えてしまうのは本末転倒である。**めあての設定のタイミングは、授業の冒頭に限らず、学習者の反応に応じて柔軟に考えるべきである。**

(4)「まとめのあり方」に関するデメリット

授業の「まとめのあり方」も、緻密に考えられていないことが多い。

読みの授業では、様々な解釈が出る。その授業の「まとめ」の段階で、例えば「いろんな意見があったね。どの子の意見もいいね。では、振り返りを書こう」と指示する。すると、どの解釈が優れているのか、どのように読めばいいのかが、全く不明になる。授業の「まとめ」では、「振り返り」を書けばいいというわけではない。

また、正しい答えをノートに視写させて終わり、という「まとめ」も少なくない。正しい内容をノートに写すだけでは、深く考えているとは言えない。

学習のまとめには、そもそもの「課題に対する答え」、学びのプロセスの振り返りとしての「読み方の整理」、次時に向けての「発展課題の提示」、この三つが必要である。

2 「Which 型課題」の国語授業づくり

(1)「Which 型課題」とは

　こうした「めあて」と「まとめ」による国語授業の問題に関する改善案として提案するのが「Which 型課題の国語授業づくり」である。

　「Which 型課題」とは、「学習者が選択・判断する場面を設定する学習課題」のことである。例えば、「A か？　B か？」「1、2、3 のうち、どれか？」「1、2、3 のうち、どれが一番○○○か？」のようにして、学習者が選択・判断する場面をつくる。

(2)「Which 型課題」のメリット

　「Which 型課題」のメリットは、何よりも、全ての学習者が参加できることである。明確に理由をイメージできなくても、どれかを選択・判断するだけなら誰でもできる。「What 型」、「How 型」、「Why 型」の課題では難しいが、「Which 型」の課題なら選択・判断するだけなので、誰もが学びの第一歩を踏み出すことができる。

　国語授業では、学習者が学びに対して受身になることが多い。授業において、学習者が何ら選択・判断をしていないからである。国語授業に「Which 型課題」を位置づけることで、全ての学習者の主体性を引き出したい。

(3)「Which 型課題」の授業モデル

　こうした「主体性」を、「対話的」で「深く」学べるようにするためには、単に「Which 型課題」を提示するだけでは不十分である。「Which 型」課題で引き出した多様な読みを整理して深める学びのプロセスを想定しなければならない。

　そこで、「Which 型課題に基づく国語授業モデル」として、次の 4 つの授業場面を想定することにした。

---

①問題意識の醸成

　課題設定に向けて、全員の理解をそろえ、「問題意識の醸成」を図る。

②「Which 型課題」の設定

　「考えのズレ」から問題意識を引き出した上で、「Which 型課題」を設定する。

③考えのゆさぶり

　多様な考えを整理した上で、「ゆさぶり発問」を投げかけることで、既有の知識・経験を関係づけて、新たな着眼としての「読み方」への気付きを促す。

---

④学習のまとめ（答え・整理・発展）
　課題に対する「答えの確認」、「読み方の整理」、「発展課題の提示」をする。

　しかし、こうして授業場面を想定することは、かえって学習者の「主体性」を奪うという危険性も孕んでいる。学習者の考えに寄り添いつつ、学習者同士の学び合いが促進・深化していくように授業を進めていくことが大切である。

　なお、「Which型課題」は、「Which型のめあて」とも言えなくはない。しかし、教師が課したり問いかけたりすることがほとんどなので、「Which型課題」と呼ぶことにする。

3　「Which型」課題の授業例

では、3年生「モチモチの木」（一場面）の授業で具体的に考えてみよう。

(1) 問題意識の醸成

まず、授業の導入場面「問題意識の醸成」では、「臆病読み」をする。
例えば、

> （教師）今から、先生が一場面『おくびょう豆太』を音読していきます。その中で『豆太は臆病だなあ』と思うところで、大きな拍手をしてください。

と指示する。

すると、学習者は、教師の声に耳を傾けながら、例えば、次のような表現で拍手をしていく。

> ・〈全く、豆太ほどおくびょうなやつはない。〉
> ・〈夜中に、一人でせっちんぐらいに行けたっていい。〉
> ・〈空いっぱいのかみの毛をバサバサとふるって〉
> ・〈両手を「わあっ。」とあげる〉
> ・〈夜中には、じさまについてってもらわないと、一人じゃしょうべんもできないのだ。〉
> ・〈それなのに、どうして豆太だけが、こんなにおくびょうなんだろうか。〉

(2) 「Which型課題」の設定

次に、授業の前半「Which型課題の設定」では、その「臆病読み」の活動を受けて、「みんなは、臆病読みでたくさん拍手したけど、豆太って、本当に臆病なのかな？」と問いかけ、学習者の問題意識を引き出す。その上で

> （教師）豆太は、『臆病だ』『臆病ではない』、どちらかな？

と問い、当てはまる選択肢への挙手を求め、互いの考えのズレを顕在化し、その問いか
けを学習課題として板書する。そして、「『臆病だ』『臆病ではない』、どちらかを選んで
ノートに書きます。その理由や根拠もノートに書きます」と指示をする。

もしも学習者から「どうしても選ぶことができなくて悩む」という声が出るなら、「『悩
む』を選んでもいいよ」と言って、それも選択肢の一つにする。もちろん、できるだけ
「臆病だ」「臆病ではない」のどちらかを選択するように勧めるが、学習者によってはかな
り難しいこともある。また、意外かもしれないが、「悩む」を選ぶ学習者は、他の子より
も、深く考えていることも多い。学習者の「多様な考え」を尊重する上でも、「悩む」気
持ちに寄り添うことは、教師の重要な構えである。

選んだ立場やその理由をノートに書いた後は、「臆病だ」「臆病ではない」「悩む」のう
ち、どれを選択したかを全員の前で表明するように促す。例えば、選んだ立場の人数を起
立してもらって数える。また、選んだ立場にネームカードを貼る。こうして、全員の考え
が「Which 型課題」の選択肢に位置付いていることが大切である。

その後、自分の立場と理由や根拠について話し合う。

例えば、「臆病だ」派からは、次のような意見が出る。

> （児童）臆病。五歳なのに、〈一人じゃしょうべんもできない〉から。普通、五歳だったら、
>   一人で小便に行ける。
> （児童）臆病。木には〈空いっぱいのかみの毛〉なんて無い。〈両手〉も無い。これは、豆
>   太が妄想しているだけ。
> （児童）臆病。そもそも〈全く、豆太ほどおくびょうなやつはない。〉って書いてある。

一方、「臆病ではない」派からは、次のような意見が出る。

> （児童）臆病ではない。〈せっちん（便所）〉は、〈表（外）〉にある。五歳の子は、〈真夜
>   中〉、外のトイレには行けない。
> （児童）臆病ではない。〈全く、豆太ほどおくびょうなやつはいない。〉って、語り手の地の
>   文。語り手が決めつけているだけ。

(3) 考えのゆさぶり

ある程度、意見が出尽くしたら、話し合い活動の後半では、それらの意見を整理した上
で、「ゆさぶり発問」を投げかける。

例えば、

24 第 2 章

（教師）〈一人じゃしょうべんもできない〉ことについて臆病だという人が多かったね。でも、真夜中、五歳の子ができないのも当たり前という意見も出ました。もしも自分だったら、真夜中、五歳の時に、モチモチの木がつっ立っている外のトイレに行けるかな？

のようにして、仮定的に問いかける。このゆさぶり発問には、登場人物の言動を、他人事としてではなくて、自分事として解釈するように促す働きがある。

すると、次のような意見が出る。

（児童）もしも自分が五歳だったら、真夜中で、モチモチの木がつっ立っていたら、外にあるトイレには怖くていけない。

（児童）〈とうげのりょうし小屋〉というのは、山の上に立っている家。この前、山でキャンプをしたけど、本当に真っ暗で、シーンとしていて、怖かった。しかも、自分が五歳だったら無理。

すると、一人でトイレに行けないから臆病だと考えていた学習者の考えが、次第に臆病ではないという考えに変わり始めていく。

また、

（教師）先生だったら、絶対に一人でトイレに行けないなあ。なぜだと思う？

と言って、否定的に考えをゆさぶる。

意見を交流する中で、「作品の設定（時、場所、人物、出来事）」を次のように整理する。

（教師）〈真夜中〉は、「時」（いつ）の設定。〈とうげのりょうし小屋〉、〈モチモチの木〉がつっ立っている、外に〈せっちん〉がある、これらは「場所」（どこ）の設定。〈たった二人でくらしている〉〈五つ〉の豆太は、「人物」の設定。そして、その豆太が〈一人じゃしょうべんもできない〉ことは「出来事」の設定ですね。

また、その上で

（教師）これ以外で、重要な「場所」の設定は何かな？

と問いかける。それでも気づかない場合には、「あれが出るかもしれないから、先生も、夜中に小便に行くのは絶対無理だな」というヒントを出すこともある。

すると、学習者は気づく。

（児童）あっ、熊がいるから無理！

「Which型課題」の国語授業　**25**

1場面の後半には、〈豆太のおとうだって、くまと組みうちして、頭がぶっさかれて死んだ〉と書かれている。この峠は、熊が出るかもしれない峠なのである。だからこそ、4場面で、じさまが腹痛になった時に、豆太には〈くまのうなり声〉のように聞こえたのである。

ただし、「これ以外で、重要な『場所』の設定はないかな？」などのヒントを出さなくも、臆病に関する話し合い活動の中で、学習者は気付くこともある。その場合には、ヒントを出すのではなくて、その話し合いの中で整理する。

(4) 学習のまとめ

授業の終末場面では、例えば、次のように話して、「学習のまとめ」（課題に対する答え、読み方の整理、発展課題の提示）をする。

> （教師）臆病だ、臆病ではない、どちらの考えでもいいです。ただし、その理由が大切。熊が出るかもしれない峠という「場所」の設定に注目して読むと、考えが変わるかもしれません。これからも「作品の設定」（時・場所・人物・出来事）に注意して、物語文を読みましょう。

そして授業の最後には、話し合いを通して考えた「自分の考え」（臆病である／臆病ではない）と、その理由をノートに書いて提出するように指示する。

4 「Which型課題」づくりの理論と方法

(1) 三つの読みの力

「Which型課題」は、「文章を読む力」に基づいて構想できる。次頁の図のように、読む力には、三つのレベルがある。

一つ目は、「確認読み」の力である。これは、クラス全員が確認できる読みである。

例えば、物語文で言えば「中心人物は誰か？」「心情がわかる情景の文は？」などに関する読みである。

また、説明文で言えば「問いの文はどの文か？」「筆者が一番伝えたい内容は？」などに関する読みである。

「百人の読者がいても、読み（答え）が一つに決まる」というのが、確認読みである。図からもわかるように、この読みは、読む力の全てのベースになっている。

二つ目は、「解釈読み」の力である。

例えば、物語文では「中心人物の心情変化は？」「この作品の主題は？」などに関する

読みである。

　また、説明文では「筆者は、なぜ問いの文を書いたのか？」「筆者は、なぜこの事例の順序で書いたのか？」などに関する読みである。

　解釈読みは、極端に言えば「読者が百人いれば、百通りの読みがある」と言っていい。私たち読者は、確認読みをベースにしながら、独自の解釈読みをしている。

図　読む力の構造

　三つ目は、「評価読み」の力である。

　物語文で言えば「この話は、面白い／面白くない」「この話は、いい話だ／いい話ではない」などの反応である。

　説明文で言えば「筆者の説明が、わかりやすい／わかりにくい」「筆者の説明に、納得できる／納得できない」などの反応である。

　評価読みは、誰でもできる。例えば、料理に関して「おいしい／おいしくない」と、幼児でも言える。同様に、1年生でも6年生でも、文章に関して「面白い／面白くない」「わかりやすい／わかりにくい」など簡単に言える。**評価読みには、誰もが言えるという特徴がある。**

　ただし、「なぜ、面白いのか？」「なぜわかりやすいのか？」という理由には、一人一人の読む力が表れる。

　例えば、ある二人の学習者が同じ文学教材を読んで、同じように「面白い」と評価したとする。しかし、その理由は異なった。一方の子は「会話文の言い方の面白さ」に注目する。もう一方の学習者は「作品の全体構造の巧みさ」に注目する。

　すると、論理構造に着目した後者の学習者の方が、論理的に読む力が高いと推測することができる。文章の部分的な内容だけよりも、文章全体の論理に関して「確認」「解釈」できる学習者の方が、読解力が高い傾向にある。

　評価読みは、誰でもできる。しかし、質の高い「評価読み」には、「確認読み」や「解釈読み」がベースになっているのである。

(2)「Which型課題」のバリエーション

　これまでの授業実践や、長崎伸仁氏らの先行研究をふまえ、以上の三つの読みの力に基づいて、「Which型課題」を次の10のバリエーションに整理した[*2]。

◆ 「Which型課題」確認読みレベル （答えは、一つに決まる）
① ○○は、Aか？　Bか？
② ○○は、A〜C（三つ以上）のうち、どれか？

◆ 「Which型課題」解釈読みレベル （答えは、一つに決まらない）
③ ○○として適切なのは、Aか？　Bか？
④ ○○は、Aか？　それとも、not Aか？
⑤ 一番○○（○○として一番適切）なのは、A〜C（三つ以上）のうち、どれか？
⑥ もしも○○だったら、A〜C（三つの以上）のうち、どれか？
⑦ もしも○○の順位をつけるなら、その順番は？
⑧ もしも○○を目盛り（スケール）に表すなら、いくつになるか？

◆ 「Which型課題」評価読みレベル （誰もが評価できる）
⑨ ○○は、いる？　いらない？
⑩ いい文章？　よくない文章？

以下では、「Which型課題」の例として、第1章・第3章で紹介したものと、私が［新規］としてつけ足したものを入れて紹介する。

なお、読者にわかりやすく示すため、課題の意味を変えないようにして、第3章の実践事例における「Which型課題」の文言と変えているところがある。

◆ 「Which型課題」確認読みレベル （答えは、一つに決まる）
① ○○は、Aか？　Bか？
　※登場人物は、上を向く？　下を向く？　　　　　（1年物語文「くじらぐも」）
　※出てきた車は、3種類？　4種類　　　　　　（1年説明文「じどう車くらべ」）
　※この文は、青の仲間か？　赤の仲間か？

　　　　　　　　　　　　　　　　　（4年説明文「動いて、考えて、また動く」）

② ○○は、A〜C（三つ以上）のうち、どれか？
　※仲間外れの文は、A〜Eのうち、どれか？　（4年説明文「ウナギのなぞを追って」）
　※この物語を「時間」で分けるなら、A〜Dのうち、どこで分けるか？

　　　　　　　　　　　　　　　　　　　　　（5年物語文「注文の多い料理店」）

　※筆者が一番伝えたかったのは、何段落か？

　　　　　　　　　　　　　　　　　（5年説明文「想像力のスイッチを入れよう」）

　※問いの文が入る段落は、A〜Cのうち、どれか？　　　　　　説明文［新規］

※この説明文は、何型（尾括型？　頭括型？　双括型？）の文章か？

説明文［新規］

◆ 「Which型課題」解釈読みレベル （答えは、一つに決まらない）

③○○として適切なのは、Aか？　Bか？

※たぬきは、冬の間、たくさん来ていたか？　たまに来ていたか？

（1年物語文「たぬきの糸車」）

※人間に似ているのは、ライオンか？　しまうまか？

（1年説明文「どうぶつの赤ちゃん」）

※スイミーのお話でいいのは、絵本か？　教科書か？　（2年物語文「スイミー」）

※馬への思いが強いのは、とのさまか？　スーホか？

（2年物語文「スーホの白い馬」）

※いい作品は、ちいちゃんが生きのびる作品？　このままの作品？

（3年物語文「ちいちゃんのかげおくり」）

※ゆみ子の成長により影響を与えたのは、お母さんか？　お父さんか？

（4年物語文「一つの花」）

※より助けているのは、ヤドカリか？　イソギンチャクか？

（4年説明文「ヤドカリとイソギンチャク」）

※ひろしは、子ども？　大人？　　（6年物語文「カレーライス」）

※最も印象に残ったのは、五月？　十二月？　　（6年物語文「やまなし」）

④○○は、Aか？　それとも、not Aか？

※登場人物は、この順番がいいか？　それとも、この順番はだめか？

（1年物語文「おおきなかぶ」）

※豆太は、おくびょうか？　それとも、おくびょうではないか？

（3年物語文「モチモチの木」）

※ごんと兵十の「ひとりぼっち」は同じか？　違うか？

（4年物語文「ごんぎつね」）

⑤一番○○（○○として一番適切）なのは、A～C（三つ以上）のうち、どれか？

※一番「かしこいと思うちえ」はどれ？　　（2年説明文「たんぽぽのちえ」）

※一番「頭を使うおにごっこ」はどれ？　　（2年説明文「おにごっこ」）

※一番「豆太の気持ちがわかるところ」は、どの文？

（3年物語文「モチモチの木」）

「Which型課題」の国語授業　　**29**

※大豆が一番「すがたを変えた」のは、どの食品？

(3年説明文「すがたを変える大豆」)

※松井さんが車の中に夏みかんを置いたのは、「自分のため」「タクシーのお客のため」「いなかのおふくろのため」のうち、一番適切なのはどれか？

(4年物語文「白いぼうし」)

※大造じいさんのやる気と自信が一番わかる部分はどれ？

(5年物語文「大造じいさんとガン」)

※一番心に残ったのは、どの段落？ (5年説明文「見立てる」)

※太一に最も影響を与えたのは、どの言葉？ (6年物語文「海の命」)

※一番伝えたかったのは、「はじめ・中・終わり」のうち、どれか？

(6年説明文「笑うから楽しい」)

※一番わかりやすかったのは、どの実験？ (6年説明文「時計の時間と心の時間」)

※この作品の一番マイナスの場面は？ 一番プラスの場面は？ 物語文〔新規〕

⑥もしも○○だったら、A〜C（三つの以上）のうち、どれか？

※もしも未来のがまくんだったら、「4日たったら手紙がくるよ」「ぼくも同じ気持ちだよ」「その他の言葉」、どれを言うかな？ (2年物語文「お手紙」)

※もしも3段落と4段落の間に入れるなら、どの文がいいかな？

(3年説明文「ありの行列」)

※もしも図表やグラフを三つに絞るなら、どれを選ぶ？

(5年説明文「天気を予想する」)

⑦もしも○○の順位をつけるなら、その順番は？

※大変な仕事ランキングをつけるなら、そのベスト3はどの仕事か？

(2年説明文「どうぶつ園のじゅうい」)

⑧もしも○○を目盛り（スケール）に表すなら、いくつになるか？

※この物語を10段階のハッピーエンドのレベルを表すなら、何段階のレベルか？

(5年物語文「なまえつけてよ」)

◆ 「Which型課題」評価読みレベル （誰もが評価できる）

⑨○○は、いる？ いらない？

※この文は、いる？ いらない？ (1年説明文「くちばし」)

※1場面は、なくてもよい？ なくてはダメ？ (3年物語文「三年とうげ」)

⑩いい文章？　よくない文章？

　　※終わりの説明のいいところ（文）は？　　　　　　（3年説明文「こまを楽しむ」）

　　※終わりの説明のいいところ（段落）は？

　　　　　　　　　　　　　　　　　　　　　　（4年説明文「アップとルーズで伝える」）

　　※終わりの説明のいいところ（文）は？　　　　（6年説明文「『鳥獣戯画』を読む」）

　　※作品のいいところ（場面）は？　　　　　　　　　　　　　　物語文［新規］

　　※この物語文は、面白い？　面白くない？　　　　　　　　　　物語文［新規］

　　※筆者の説明は、わかりやすいか？　わかりにくいか？　　　　説明文［新規］

　　※筆者の説明に、納得できる？　納得できない？　　　　　　　説明文［新規］

5 「Which型課題」の国語授業における留意点

　「Which型課題」の国語授業では、全員参加の授業を目指している。そのため、学習者の読みが「拡散」する。多様な読みが出る。このこと自体はとてもいい。

　だが、「拡散」したままでは、学習者には、何が大事なのかがわからない。読む力がつかない。読みが「拡散」した後は、その「収束」を図る必要がある。

　そこで、授業の後半で「考えのゆさぶり」として、学習者の学びの文脈に寄り添いつつ、「ゆさぶり発問」を投げかけることで、「新たな着眼としての読み方」に気付くことができるようにする。

　その読み方の例としては、例えば、筑波大学附属小学校国語教育研究部が作成した説明文の系統指導表（資料1）、文学の系統指導表（資料2）における「読みの技能」「読みの用語」が参考になる[3]。

　学習のまとめでは、振り返りとして、「課題に対する答え」を確認するとともに、課題解決のプロセスで活用した「新たな着眼としての読み方」の整理をする。国語の授業は、これらが曖昧になりがちになる。明示的に指導していくことが重要である。

　また、できれば、学んだことをふまえて問題意識を引き出しつつ、「次時の発展課題」を示し、次時への意欲や見通しをもつことができるようにしたい。

【注】

*1　例えば、Googleで「国語」「めあて」「まとめ」でアンド検索をすると、約193万件の検索結果になる（2018年9月22日確認）。

*2　長崎伸仁・桂聖（2016）『文学の教材研究コーチング』東洋館出版社

*3　青木伸生・青山由紀・桂聖・白石範孝・二瓶弘行・筑波大学附属小学校国語教育研究部（2016）『筑波発 読みの系統指導で読む力を育てる』東洋館出版社

「Which型課題」の国語授業　**31**

資料1 ◆筑波大学附属小学校「説明文の読みの系統指導表」（2015試案）

学年	読みの技能	読みの用語
①「文章の構成」系列の読む力		
1年	問いと答えをとらえて読む	問い、答え
1年	事例の内容をとらえて読む	事例、事例の順序
2年	三部構成をとらえて読む	三部構成（初め・中・終わり）、話題、まとめ、意味段落
3年	問いの種類を区別して読む	大きな問い、小さな問い、かくれた問い
3年	事例とまとめの関係をとらえて読む	事例とまとめの関係
3年	観察・実験と考察の関係をとらえて読む	実験・観察、考えたこと
4年	文章構成（序論・本論・結論）をとらえて読む	序論、本論、結論
4年	文章構成の型をとらえて読む	尾括型、頭括型、双括型、文章構成図
4年	事例の関係をとらえて読む	事例の並列関係、事例の対比関係
5年	まとめから事例を関連づけて読む	まとめと事例の関係
6年	文章構成の型を活用して読む	文章構成の変形
②「要点・要約」系列の読む力		
1年	文と段落を区別しながら読む	文、段落
2年	小見出しの効果を考えながら読む	小見出し
2年	主語をとらえながら読む	主語、述語
3年	キーワードや中心文をとらえながら読む	キーワード、中心文
3年	段落の要点をまとめながら読む	要点、修飾語、常体、敬体、体言止め
3年	大事なことを要約しながら読む	筆者の立場での要約、要約文
4年	目的や必要に応じて、要約しながら読む	読者の立場での要約
③「要旨」系列の読む力		
1年	題名と筆者ととらえて読む	題名、筆者
2年	まとめをとらえて読む	まとめ
4年	要旨の位置を考えながら読む	要旨、筆者の主張、尾括型、頭括型、双括型
5年	要旨と題名の関係を考えながら読む	要旨と題名の関係
6年	具体と抽象の関係から要旨を読む	要旨と事例の関係
④「批評」系列の読む力		
1年	初めて知ったことや面白かったことを考えながら読む	初めて知ったことや面白かったこと
1年	「問いと答え」や「事例の順序」の意図を考えながら読む	筆者の気持ち
2年	自分の経験と関連づけながら読む	自分の経験
2年	感想を考えながら読む	感想、読者
3年	説明の工夫を考えながら読む	説明の工夫
3年	「事例の選択」の意図を考えながら読む	事例の選択、筆者の意図
4年	「話題の選択」の意図を考えながら読む	話題の選択
4年	文章構成の型の意図を考えながら読む	文章構成の意図
6年	筆者の説明に対して自分の意見を考えながら読む	共感、納得、反論
⑤「説明文の表現技法」系列の読む力		
1年	問いの文と答えの文を区別しながら読む	問いの文、答えの文、疑問の文末表現
1年	説明の同じところや違うところを考えながら読む	説明の観点、同じ説明の仕方（類比）、説明の違い（対比）

2年	事実の文と理由の文を区別しながら読む	事実の文、理由の文、理由の接続語、理由の文末表現
2年	順序やまとめの接続語の役割を考えながら読む	順序やまとめの接続語
2年	図や写真と文章とを関係づけながら読む	図、写真
3年	抽象・具体の表現の違いを考えながら読む	抽象的な語や文、具体的な語や文
3年	事実の文と意見の文を区別しながら読む	意見の文、事実や感想の文末表現
3年	指示語の意味をとらえて読む	指示語（こそあど言葉）
4年	語りかけの表現をとらえて読む	語りかけの文末表現
4年	言葉の定義に気をつけながら読む	定義づけ、強調のかぎかっこ
4年	対比的な表現や並列的な表現などに気をつけて読む	順接、逆接、並列、添加、選択、説明、転換の接続語、長所・短所
4年	時の流れに着目しながら読む	西暦、年号
4年	説明の略述と詳述の効果を考えながら読む	略述、詳述
5年	具体例の役割を考えながら読む	具体例
5年	表やグラフの効果を考えながら読む	表、グラフ、数値
5年	譲歩的な説明をとらえて読む	譲歩
6年	文末表現の効果を考えながら読む	常体、敬体、現在形、過去形
⑥「文種」系列の読む力		
1年	物語文と説明文の違いをとらえて読む	物語文、説明文
3年	実験・観察の記録文の特徴を考えながら読む	実験、観察、研究、記録文
4年	報告文の特徴を考えながら読む	報告文
5年	論説文の特徴を考えながら読む	論説文
5年	編集の仕方や記事の書き方に注意して新聞を読む	新聞、編集、記事
5年	伝記の特徴を考えながら読む	伝記、ドキュメンタリー、説明的表現、物語的表現
5年	随筆の特徴を考えながら読む	随筆、説明的表現、物語的表現
6年	紀行文の特徴を考えながら読む	紀行文
6年	ドキュメンタリーの特徴を考えながら読む	ドキュメンタリー
⑦「活動用語」系列の読む力		
1年	語のまとまりに気をつけて音読する	音読
2年	生き物や乗り物など、テーマを決めて読む	テーマ読書
4年	目的に必要な情報を図鑑や辞典で調べる	調べる活動、図鑑、辞典、索引
5年	自分の思いや考えが伝わるように音読や朗読をする	朗読

「Which型課題」の国語授業　**33**

資料2 ◆筑波大学附属小学校「文学の読みの系統指導表」（2015試案）

学年	読みの技能	読みの用語
①「作品の構造」系列の読む力		
1年	作品の設定に気をつけて読む	時、場所、登場人物、出来事（事件）
1年	場面をとらえて読む	場面
1年	連のまとまりをとらえて読む	連
2年	あらすじをとらえて読む	あらすじ
3年	中心となる場面を読む	中心場面
4年	物語のしくみをとらえて読む	起承転結（導入部・展開部・山場・終結部）
4年	時代背景と関連づけて読む	時代背景
4年	場面と場面を比べて読む	場面の対比
5年	額縁構造をとらえて読む	額縁構造
5年	伏線の役割を考えながら読む	伏線
②「視点」系列の読む力		
1年	語り手の言葉をとらえて読む	語り手、地の文
1年	語り手の位置を考えながら読む	語り手の位置
3年	立場による見え方や感じ方の違いをとらえて読む	立場による違い
4年	視点をとらえて読む	視点、視点人物、対象人物
4年	視点の転換の効果を考えながら読む	視点の転換
6年	一人称視点と三人称視点の効果を考えながら読む	一人称視点、三人称視点（限定視点、客観視点、全知視点）
③「人物」系列の読む力		★1、2年→気持ち、3、4年＝心情
1年	登場人物の気持ちや様子を想像しながら読む	登場人物、中心人物、気持ち、様子
1年	登場人物の言動をとらえて読む	会話文（言ったこと）、行動描写（したこと）
2年	登場人物の気持ちの変化を想像しながら読む	気持ちの変化、対人物、周辺人物
3年	人物像をとらえながら読む	人物像（人柄）
3年	中心人物の心情の変化をとらえて読む	心情、変化前の心情、変化後の心情、きっかけ
5年	登場人物の相互関係の変化に着目して読む	登場人物の相互関係
6年	登場人物の役割や意味を考えながら読む	登場人物の役割
④「主題」系列の読む力		
1年	題名と作者をとらえて読む	題名、作者
1年	好きなところを見つけながら読む	好きなところ
2年	自分の経験と関連づけながら読む	自分の経験
2年	感想を考えながら読む	感想、読者
3年	自分の行動や考え方を重ねて読む	自分だったら
4年	読後感の理由を考えながら読む	読後感
5年	中心人物の変化から主題をとらえる	主題
5年	作品のしくみ（山場や結末）の意味から主題をとらえる	山場の意味、結末の意味
6年	題名の意味から主題をとらえる	題名の意味、象徴
6年	複数の観点から主題をとらえる	複数の観点（中心人物の変化、山場、結末、題名など）の意味

⑤「文学の表現技法」系列の読む力		
1年	会話文と地の文を区別しながら読む	会話文、地の文
1年	リズムを感じ取りながら読む	音の数、リズム
1年	繰り返しの効果を感じ取りながら読む	繰り返し（リフレイン）
2年	比喩表現の効果を考えながら読む	比喩（たとえ）
2年	短文や体言止めの効果を考えながら読む	短文、体言止め
3年	会話文と心内語を区別して読む	心内語
3年	擬態語や擬声語の効果を考えながら読む	擬態語・擬声語
3年	擬人法の効果を考えながら読む	擬人法
4年	五感を働かせて読む	五感の表現
4年	情景描写の効果を考えながら読む	情景描写
4年	倒置法の効果を考えながら読む	倒置法
4年	呼称表現の違いをとらえながら読む	呼称表現
4年	記号の効果を考えながら読む	ダッシュ（―）、リーダー（…）
5年	方言と共通語の違いを考えながら読む	方言、共通語
6年	対比的な表現の効果を考えながら読む	対比

⑥「文種」系列の読む力		
1年	昔話や神話を読む	昔話、神話
1年	物語文と詩の違いをとらえて読む	物語文、詩
2年	日本と外国の民話の違いをとらえて読む	訳者、外国民話、翻訳
3年	ファンタジーをとらえて読む	ファンタジー、現実、非現実
3年	俳句を音読する	俳句、季語、十七音、切れ字
4年	脚本を読む	脚本、台詞、ト書き
4年	短歌を音読する	短歌、三十一音、上の句、下の句、百人一首
5年	古文を読む	古文、古典
5年	伝記の特徴を考えながら読む	伝記、説明的表現、物語的表現
5年	随筆の特徴を考えながら読む	随筆、説明的表現、物語的表現
5年	推理しながら読む	推理小説
6年	漢文を音読する	漢文
6年	古典芸能を鑑賞する	狂言、歌舞伎、落語

⑦「活動用語」系列の読む力		
1年	物語文の読み聞かせを聞く	読み聞かせ
1年	語のまとまりや言葉の響きなどに気をつけて音読・暗唱する	音読、暗唱
1年	人物になりきって演じる	動作化、劇化
2年	場面や人物の様子を想像しながら、絵を描いたり音読したりする	紙芝居
2年	場面や人物の様子を想像しながら、絵や吹き出しをかく	絵本
2年	日本や外国の昔話を読む	昔話の読書
3年	人物の気持ちや場面の様子を想像して、語りで伝える	語り
4年	学習した物語文に関連して、他の作品を読む	テーマ読書
5年	学習した物語文に関連して、同じ作者の作品を読む	作者研究
5年	自分の思いや考えが伝わるように朗読をする	朗読

「Which型課題」の国語授業　**35**

第3章

「Which 型課題」の
授業展開

おおきなかぶ

（光村図書　1年）

3次
おじいさんになりきって、一番感謝している登場人物に手紙を書くことができる。

本時のねらい

登場人物の登場してきた順序に関して話し合うことで、より物語を楽しむことができる。

一般的な学習課題
どんなじゅんばんででてきましたか？

↓

本時の「Which型課題」
このじゅんばんじゃなきゃだめ？

☆じゅんばんにもちゅうもくすると、おもしろくよめる。

---

4 学習のまとめ
順序に注目した読み方についてまとめる。

- この文を書いた人になりきって、「どうしてこの順番にしたか」を書いてみよう
- おじいさんから大きい順に並べました
- たねをうえたおじいさんをはじめにしました

物語の登場人物が出てきた順序について、自分の考えをまとめる。順序にも様々な意味が込められていることに気づかせる。子どもたちの意見をまとめつつ、「今日は順番に注目して考えてみました。今までとはちがう読み方ができて、たくさん面白い考えが出てきましたね。違うお話を読むときにも順番を考えてみるといいかもしれませんね」と言って板書する。

3 考えのゆさぶり
どの意見に納得いくかを出させる。

- みんなはどの意見に「なるほど」と思ったかな？
- たしかにおじいさんがうえたから、おじいさんがはじめじゃないとおかしい

たくさんの意見が出されるであろう。ここで、どの意見「になるほど」と思ったかを問う。票が多く集まった意見をみんなで検討する。「書いてあることから考えている」などの意見を引き出したい。また「なんとなく」に票が集まらないことについても検討する。

2次 本時 5／6時	1次
場面の様子や増えていく登場人物について想像を広げながら読むことができる。	繰り返し音読練習をし、本文をすらすら音読することができる。

板書

おおきなかぶ

でてきたひとは……？

・おじいさん
・おばあさん
・まご
・いぬ
・ねこ
・ねずみ

◎このじゅんばんじゃなきゃだめ？

このじゅんばんじゃなくてもいい
・なんとなく。
・べつのじゅんばんでもいいとおもうから。
・ねことねずみはとなりだとけんかしちゃうから。

このじゅんばんじゃなきゃだめ
・はじめは、たねをうえたおじいさんじゃないとおかしいから。
・ぎゃくだとひっぱりにくいから。
・いぬとかはにんげんをよんでこられない。

2 「Which型課題」の設定	1 問題意識の醸成
この順序でなくてはいけないのかを問い、順序について再考させる。	登場人物の確認をしながら、順序性を意識させる。

展開1で登場人物が出てきた順序や、「登場人物」の意味などを押さえた上で、教師から、「他の順番でもいいよね」と発問する。もしくは、順序を間違えて書いてしまった子のことを取り上げて、「別にこの順番でもいいよね」と投げかけるのもいいだろう。すると、多くの子どもたちは「いいね！」とか「絶対だめ！」などと口にする。そこで、「考えを教えて」と言い、話し合わせる。

授業の初めは、誰でも取り組めることから入ることが重要である。特に入門期なので、「先生から言われたことができた！」という体験をさせつつ、なるべく全員ができることから入り、徐々に本時のねらいに迫る課題へと取り組めるようにする。

「Which型課題」の授業展開　39

くじらぐも

（光村図書　1年）

本時のねらい

叙述をもとに、場面の様子を想像しながら音読することができる。

一般的な学習課題　だれがいったことばかかんがえてよもう。

↓

本時の「Which型課題」　上をむく？下をむく？

3次　場面の様子を想像し、それが伝わるように音読することができる。

> 「おうい。」
> →これだけじゃわからない。
> どっちがいっているかよくかんがえないといけない。
> 「ここへおいでよう。」と「さようなら。」もおなじ。
> ☆「　　」のなかにはかいわ文が入るだれがいったのかよくかんがえる。

3　考えのゆさぶり　同じ会話文でも言う人が違うということに気づかせる。

- 二つあるから、どちらかわからないよ。どっちの「おうい。」なの？
- じゃあ、「おうい。」はどうかな。これはくじらを見ながらだから……？

はじめの二つに関しては、すぐに解決される。ここで、「おうい。」という子どもからもくじらからも言われている文を提示する。すると、「どっちか分からないよ」という発言が出される。ここで教師が、「初めの方だよ」などとヒントを出せば、子どもは自然と、「それじゃあ上を向けばいいんだ！だって……」と語りだす。

4　学習のまとめ　「　」の使い方や誰が言った言葉なのかをよく考えて音読するとよいことをまとめる。

- だれが言ったのかよく考えないと分からないのもあるんだね
- 「　」の中には入るのは、人が言った言葉です。これを会話文といいます

「　」に入る文を「会話文」ということをしっかり押さえる。また、本時で検討したように、会話文の前後から、誰の言った言葉なのかをよく考えて音読するとよいということをまとめる。最後に、本時に考えたことを生かして全員で音読する。

2次 本時 4／8時		1次
場面の様子を想像したり、「　」の使い方を理解したりすることができる。	←	音読練習を繰り返し、スラスラ読むことができる。

```
くじらぐも

でてきたひと
・くじら
・先生
・子どもたち

◎上をむく？下をむく？

「あのくじらは、きっとがっこうがすきなんだね。」
→上をむく。
　子どもたちがいっている。

[子どもたちの絵]

「さあ、およぐぞ。」
→下をむく。
　くじらがいっている。

[くじらの絵]
```

2「Which型課題」の設定　音読の際の「向く方向」という視点を持たせ、上を向くか下を向くかを考えさせる。

1問題意識の醸成　前時の復習をしつつ、登場人物を確認する。

「音読をもっと上手になるために」という目的のもと、「どこを向きながら読んだらよいか」という意識をもたせる。教師がやってみせるとよりわかりやすくなる。初めに「あのくじらは、きっとがっこうがすきなんだね。」を提示し、上を向いて読むか、下を向いて読むかを考えさせる。次に「さあ、およぐぞ。」を提示する。

ここで登場人物について確認しておく。全員が参加でき、その後の展開にも関わる。

「Which型課題」の授業展開　41

たぬきの糸車

（光村図書　1年）

本時のねらい

叙述をもとに、想像を広げ、自分の考えを伝え合うことができる。

一般的な学習課題：ふゆのあいだたぬきは何をしていたの？

↓

本時の「Which型課題」：ふゆのあいだ、たぬきはたくさんこやにきていた？たまにきていた？

> **3次** 読み取ったことをもとにして、読者の視点からたぬきに手紙を書くことができる。

☆今日わかったこと
・書かれていることから、書かれていないこともよそうできる！
・あまりかかれていないときのことをそうぞうするとおもしろい。
・たぬきはたくさん来ていた！

4 学習のまとめ　「今日分かったこと」を尋ねる。叙述から想像を広げる楽しさについてまとめる。

3 考えのゆさぶり　「たまにしか来ないから冬のことが書かれていない？」とゆさぶる。

なるべく、「そうぞうするとおもしろい」とか「書かれていないこともそうぞうできる」などという発言を子どもから引き出したい。もちろん「たぬきはたくさん来ていた」というような内容的なまとめだけしかでなくても、教師から「想像すると面白いね」と言ってやってもよい。この授業のあとは三次で、読み取ったことを生かしてたぬきに手紙を書く。

教師が「たまに来ていた」派に乗ってゆさぶることで、「たくさん来ていた」派の子どもから意見が多く出される。その際、「「○○」と書いてあるから……」と根拠を示すように指導する。それを通じて、「どうして○○くんの意見は分かりやすいのかな」など全体に考えさせ、「叙述を基にする」意識を共有する。

2次 本時 6／8時
登場人物の行動を中心に想像を広げ、物語を楽しむことができる。

1次
物語の感想を伝え合ったり、音読練習をしたりする。

たぬきの糸車

きせつ
→あき・ふゆ・はる

◎たぬきはふゆのあいだ、たくさんこやにきていた？たまにきていた？

たくさんきていた
・「山のように」
→たくさんこないと、糸が山のようにならない！
・「ほこりだらけのはず」
→たくさんきていたから、糸車にほこりがついていなかった！

たまにきていた
・ふゆのことはあまりかかれていないから、あまりきていないとおもう。

| 2 「Which型課題」の設定 | たぬきは冬にどれくらい小屋に来ていたのかを「たくさん」「たまに」の二択で考えさせる。 | 1 問題意識の醸成 | 前時の復習をし、本時への構えをつくる。 |

冬のことがほとんど書かれていないことから、いったいたぬきは冬にどんな日々を過ごしていたのか、という意識を持たせる。そして、たぬきは冬にどのくらい小屋に来ていたのかを、「たくさん」「たまに」か選ぶWhich型課題を立てる。

前時の復習をしつつ、「秋・冬・春」という三つの季節にまたがっていることを押さえる。また、冬はほとんど書かれていないことを確認する。

「Which型課題」の授業展開　43

くちばし

（光村図書　1年）

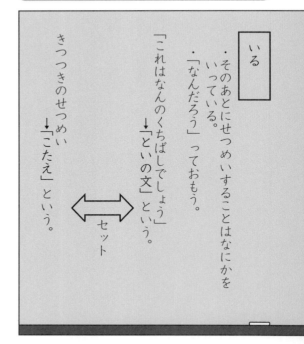

3次
鳥のくちばしについて調べ、説明する文を書くことができる。

本時のねらい

　読者に問いかける文を「問いの文」といい、説明内容を「答え」ということを理解することができる。また、「問いの文」の役割や効果について自分の言葉で表現することができる。

一般的な学習課題　問いと答えについて知ろう。

本時の「Which型課題」　この文はいるの？

4 学習のまとめ　「問いと答え」という説明文の基本構造を押さえる。

　3 考えのゆさぶり　この一文を書いた筆者の意図について考える。

　「問いと答え」は、今後6年間説明文の学習で使う、基本的な学習用語である。ここで、ノートに書かせるだけでなく、教科書の本文のところに書きこませるなどして、問いと答えについて、しっかり押さえる。

　前の発問をすると、必ず子どもたちは「いる！」と口にする。「いる」という子どもたちが多くいる場合、その子達から問いの文の役割や効果についての発言を引き出していけばよい。「いらない」派の意見が多い場合「なぜわざわざ書いたのか」と教師が揺さぶり、筆者の意図について考えさせる必要がある。

44　第3章

2次 本時 4／9時	1次
説明文の基本である「問いと答え」を理解することができる。	音読練習を繰り返し、スラスラ読むことができる。

```
くちばし

きつつきのくちばしのせつめい
　？

おうむのくちばしのせつめい
　？

はちどりのくちばしのせつめい
　？

↑
　には いるのは？

↓これはなんのくちばしでしょう。

◎この文はいるの？

いらない
・なくてもよめる。
・じゃま
```

2 「Which型課題」の設定	1 問題意識の醸成
この文は必要か、必要でないかを問う。	？の中を想起させることで、問いの文に注目させる。

「この文が無くても、意味は通じるよね？」と、実際に問いの文を抜いて全員で音読してみるのもいいだろう。すると、問いの文がなくても文章としておかしくないことに気がつく。そうすることで、全員が自分の考えを持つことができる。

出てきた鳥を順番どおり確認していき、その間に「？」の空欄を用意しておく。その「？」は何だったかを想起させることで、問いの文に注目させる。

「Which型課題」の授業展開

じどう車くらべ

（光村図書　1年）

本時のねらい

車が何種類出てきたか、ということを話し合うことを通して、問いを説明するための「例」について理解することができる。

一般的な学習課題　バスとじょうよう車のしごととつくりについてまとめましょう。

↓

本時の「Which型課題」　出てきた車は3しゅるい？4しゅるい？

3次
他の自動車のしごととつくりについて調べ、説明する文を書くことができる。

> バスとじょうよう車はおなじなの？
> →「しごと」と「つくり」が同じ
> ☆「バスやじょうよう車」「トラック」「クレーン車」を「れい」という。

4 学習のまとめ　バスとじょうよう車は「しごととつくり」が同じこと、「例」ということを押さえる。

3 考えのゆさぶり　バスとじょうよう車は、何が同じなのかを考える。

「例」を具体的に説明しようとすると難しい。体感的に身につけさせていくのがよい。ここでは、「この文章は自動車の仕事とつくりを説明した文だったね。だから、仕事とつくりが同じバスやじょうよう車は同じ例ともいえるね」と説明しておく。付け加えて、「じゃあ、題名が『ぶんぼうぐくらべ』だったらどんな例が出てきそう？」などと活用させながら、身につけさせるのがよい。

3種類ともいえる、ということをクラス全体で共有した後、そもそもバスと乗用車は、何が同じなのかを考えさせないといけない。そこで、「バスと乗用車は違うよね？」とゆさぶる。そうすることで、何が同じなのかを子どもたちの発言から引き出していく。ここでは、「しごととつくり」が同じであるということを押さえる。

2次 本時 8／12時	1次
「しごと」と「つくり」に着目して、それぞれの自動車の特徴を読み取ることができる	音読練習を繰り返し、スラスラ読むことができる。

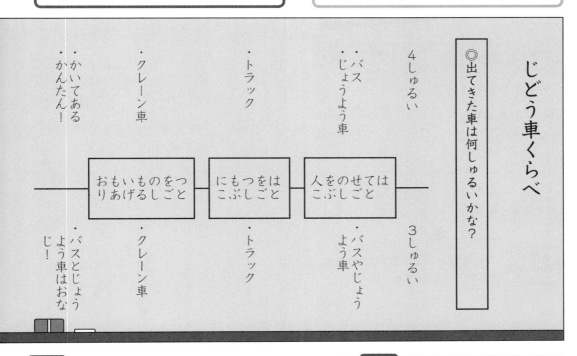

| 2 「Which型課題」の設定 | 3種類なのか、4種類なのかを話し合う。 | 1 問題意識の醸成 | 何種類の車が出てきたかを問い、考えのズレを生み出す。 |

4種類だと主張する子は、「バス」「じょうよう車」「トラック」「クレーン車」をそのまま分けて数えている子である。一方、3種類だと主張する子は、「バスとじょうよう車」「トラック」「クレーン車」というように、「バスとじょうよう車」を一種類として数えている子である。3種類だと主張する子は少ないはずなので、教師が「3種類という人の気持ちはわかる？」などと投げかける必要がある。

何種類の車が出てきたかを問うと、多くの子どもは「4種類！」とすぐに口にする。しかし、中には「3種類」だと主張する子も現れる。この段階で考えのズレを生み出し、本時の課題に繋げる。

「Which型課題」の授業展開　47

どうぶつの赤ちゃん

（光村図書　1年）

本時のねらい

ライオンとしまうま、どちらが人間に似ているかを話し合うことで、自分の経験や知識と本文とを結びつけて読むことができる。

一般的な学習課題：自分のこととつなげて読んでみましょう。

↓

本時の「Which型課題」：ライオンとしまうま、にんげんににているのはどっち？

3次

ある二つのものを調べ、対比的に説明する文を書くことができる。

ライオンってみためはぜんぜんにんげんににていないけど……？
・・「生まれたときのようす」がにている。
・・「大きくなるなりかた」がにている。

☆じぶんとくらべてよむ→よくわかる

---

4 学習のまとめ　自分のことと比較しながら読むことを価値づける。

「ライオンは私たちのようにお母さんにいろいろやってもらってる」

「自分が赤ちゃんだったころと比べて読むと、ライオンとしまうまの赤ちゃんについてもよくわかるね」

「しまうまは自分でやっていてすごいなあ」

自分の経験や知識と本文を結び付けて読んでいたことを価値付け、まとめる。ライオンは自分たちと同じように、母親に全てやってもらっていることと同時に、しまうまが赤ちゃんの時から自立していることにも注目させる。なぜしまうまはそこまで自立しているのかを考えさせるのも面白い。子どもたちの既有知識を引き出せるであろう。

---

3 考えのゆさぶり　何が人間に似ているのかを確認する。

「先生！見た目じゃなくて生まれたときの様子が似ているんだよ！」

「ライオンと言う人が多いね。見た目は違うけど、何が似ているの？」

教師が「みんなライオンに似ている似ていると言うけれど、見た目は全然似ていないけどなぁ」とゆさぶることで、子どもたちから「生まれたときの様子」や「大きくなる様子」が似ていることを押さえる。また、その二つは、問いに対する答えであり、説明文の中心であることをまとめる。

2次 本時 6／10時		1次
ライオンとしまうまを対比させながらそれぞれの特徴を読み取ることができる。	←	題名読みをし、自分の知っている動物の赤ちゃんの様子について話し合うことができる。

板書

どうぶつの赤ちゃん　　ますい　みつこ

◎にんげんににているのはどっち？

ライオン
・にんげんも生まれたときは目をつぶっているから。
・にんげんの赤ちゃんも、おかあさんにあまりにていないから。
・わたしも、赤ちゃんのときはおかあさんにごはんをたべさせてもらっていたから。
・にんげんも、ライオンみたいに生まれてすぐのときは立てないから。

[人間の誕生の時の写真]

しまうま
・にんげんにはあまりにていない。

---

1 問題意識の醸成　前時の復習をする。

「前の時間はライオンとしまうまの違いを勉強しましたね」
「赤ちゃんの時や大きくなるときの様子が違っていたよ」

前時までに、ライオンとしまうまそれぞれの赤ちゃんの時の様子や、どのように大きくなるかを読み取ってきていることを確認する。

2 「Which型課題」の設定　どちらが人間に似ているかを話し合う。

「ライオンとしまうま、どっちが人間に似ている？」
「私もライオンと同じように、お母さんにごはんを食べさせてもらっていたよ」
「ぼくの生まれたころの写真では、目が開いてなかった」

教師が「一番似ていると思うところは？」と問うことで、「私も赤ちゃんの時にね……」などという自分の経験と結びつけた考えや、「弟は生まれてすぐ立たなかったからね……」といった、自分の知識と結びつけた考えを引き出し、共有する。

「Which型課題」の授業展開　49

スイミー
（光村図書　2年）

> **3次**
> レオ・レオニの他の作品を読み、2次で学習した内容を活かして、作品のおもしろさを紹介することができる。

本時のねらい

　教科書と絵本の比較を通して、「すばらしい世界」の場面の効果に気付かせる。7種類の生き物が丁寧に紹介されている絵本を見ることで、教科書におけるわずか2ページの「場面の重要性」に気付かせ、スイミーの変容の要因を読み取らせたい。

一般的な学習課題：スイミーは、誰に会って何を考えましたか？

本時の「Which型課題」：絵本と教科書は、どちらの方がいいと思いますか？

板書：
☆この場面は、スイミーが少しずつ元気になる場面だから大事
↓
気持ちの変化につながる!!

4 学習のまとめ　場面の効果に気付かせ、本時のねらいに迫る学習のまとめを行う。

3 考えのゆさぶり　スイミーが元気になる場面の効果に気付かせる。

　絵本との比較を通して、作者が本当は1つ1つの生き物との出会いをとても大切にしていることに気付かせたい。そして、スイミーの心情の変化に大きな影響を与えていたことを、学習のまとめとして子どもたちに表現させたい。また、「だんだん元気をとりもどした」との記述があるように、「徐々に」変化していくスイミーの様子についても気付かせることで、より深い学びを引き出すこととなるだろう。

　7種類もの生き物が登場する場面であるが、ちょっと長いから「2種類くらいに削っていいかな」とゆさぶりをかける。Which型発問によって、この場面のもつ効果を深めている子どもたちは、目の色を変えて「ダメ！」と否定するだろう。その理由を語らせたい。

50　第3章

2次 本時 4／8時		1次
スイミーと周りの登場人物のとの関係性を読み取り、スイミーの心情の変化を理解することができる。	←	あらすじを確認し、スイミーの人物像を読み取ることができる。

```
スイミー  レオ・レオニ

◎絵本と教科書 どちらがいい？

場面 すばらしい海の世界

            │
    教科書   │   絵本
            │
・二ページですっきり  ・一つ一つの絵が
 ↓一目で分かる       あってきれい
・くらげが印象的     ・見ていて楽しい
・読みやすい         ・一つ一つが
                     くわしくわかる
                    ・文のさいごの「…」
                     が考えさせられる

長いからちょっとみじかくしてもいい？
→ダメ。
```

2 「Which型課題」の設定　挿絵の多い絵本との比較を通して、スイミーが元気になった場面に焦点化して読み取る。

教科書では7種類の生き物たちがわずか2ページで紹介されているだけだが、絵本では1つ1つの生き物ごとに紹介されている。多くの子どもは「絵本の方がいい！」と答えるだろう。「なぜ、絵本の方が良いと思うのか」という根拠と理由に重点を置き、考えさせたい。スイミーが元気になった要因がたくさん隠れていることに気付いていくだろう。比較するからこそ、この場面の良さが分かるのである。

1 問題意識の醸成　絵本の読み聞かせで、挿絵の多さに気付かせる。

本時のねらいに迫る重要な導入である。絵本の読み聞かせを行い、教科書との違いに気付かせる。その中でも、スイミーがすばらしい海の世界で元気を取り戻す場面は、絵本だと1つの生き物ごとに見開きで紹介されている。この違いに注目させ、課題設定につなげる。

「Which型課題」の授業展開　51

お手紙

（教育出版　1年）
光村図書・東京書籍・学校図書・三省堂　2年）

本時のねらい

　未来のがまくんに同化させ、今のがまくんへの声かけを考えさせることを通して、がまくんの心情の変化を読み取らせる。また、まとめでは「かえるくんの行動」に着目させることで、作者の「作品のしかけ」にも気付かせる。

一般的な学習課題
がまくんの気持ちはどう変わりましたか？また、それはなぜですか？

↓

本時の「Which型課題」
もし、未来から手紙をもらったがまくんが来たら、何と言うかな？

3次
シリーズ作品を用いて、2次の読みの力を活用した自力読み学習を行うことができる。

物語のしかけ
☆かえるくんが思わず言ってしまう。

4 学習のまとめ　作者の立場から「作品のしかけ」に迫り、どのような意図があったのか気付かせる。

3 考えのゆさぶり　「あなたなら…」という読者目線で考える。

　最後は、作者の視点から「物語のしかけ」に迫る。これまで「未来のがまくん」を仮定して読み深めてきたことは、実際はかえるくんの行動と重なる部分が多いことに気付かせる。そして、かえるくんは「思わず言ってしまった」ということと、そこにはどんな思いが込められているのかを整理し、作品の世界に子どもたちを引きこみ、学習のふりかえりを記述させたい。

　ここまで読み深めてきた「がまくんを何とかして励ましたい」という思いを十分に高めた上で、「あなたなら…」という読者目線から考えさせる。「言う」の立場は「励まし」、「言わない」の立場は「楽しみの増幅」を重視した意見が出されることが期待される。

2次 本時 6／10時		1次
「あらすじ」「登場人物の心情の変化」「作品のしかけ」等を読み取ることができる。	←	シリーズ作品の読み聞かせを行い、「お手紙」との比較を通し、人物像を広げることができる。

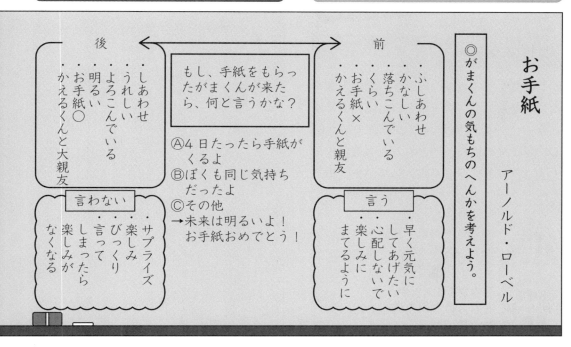

| **2** 「Which型課題」の設定 | がまくんに同化し、声掛けの言葉を考えることによって、作品のしかけに気付かせる。 | **1** 問題意識の醸成 | 読みのベースを整える。 |

　手紙をすでにもらっている未来のがまくんに同化させ、落ち込んでいるがまくんに何と声をかけるのかを考えさせる。選択肢は、「4日たったら手紙がくるよ」（真実を伝える）、「ぼくも同じ気持ちだったよ」（同苦の心）、「その他」（自由意見）の3択である。がまくんに同化することによって、実はかえるくんが物語の中で起こした行動に迫る展開になっている。おもわず声をかけてしまうという点に気付かせたい。

　Which型発問を行うにあたり、「がまくんの変容」に関する読みのベースを整える発問である。手紙をもらうことによって、がまくんが幸せになったことやかえるくんとの仲が深まったことを板書を活用しながら対比的に整理する。

「Which型課題」の授業展開　53

スーホの白い馬

（光村図書　2年）

本時のねらい

とのさまとスーホの白馬への思いを考えることを通して、スーホと白馬は相互に思い合っていた関係であることを理解させる。対比型の板書が子どもたちの気付きの大きな役割を果たすため、効果的に活用したい。

一般的な学習課題：スーホと白馬は、お互いのことをどのように思っていましたか？

⬇

本時の「Which型課題」：とのさまとスーホ、どちらの方が白馬への思いが強い？

3次
登場人物の関係をミニ新聞にまとめて、「スーホの白い馬」のおもしろさを紹介することができる。

まとめ　とのさまとスーホのちがい

とのさま　→　白馬
スーホ　⇅　白馬

4 学習のまとめ
スーホと白馬は相互に思い合っていた関係であることに焦点化し、学習のまとめを行う。

- 白馬との関係だ！矢印が⇔だね！
- スーホはお互いに思い合っている！
- とのさまとスーホの1番の違いって何だったのかな

学習のまとめとして、「とのさまとスーホの決定的な違い」に迫る。板書を手掛かりに考えると、スーホと白馬は相互に思い合っていることに気付くだろう。本文中にも「兄弟」「ぼくの白馬」「あなたのそば」等、お互いを思い合う言葉が散りばめられている。とのさまは一方的に白馬を思っていたが、スーホと白馬の間には強固な絆が生まれていたことをまとめとする。

3 考えのゆさぶり
マイナスイメージをプラスイメージに仮定し考える。

- もし、とのさまが白馬を心から大切にしていたらどうなった？
- いや、それでも白馬は戻ったと思う

授業の導入でマイナスイメージをもたせたとのさまであるが、仮にプラスのイメージであればどうか、ゆさぶりをかける。ここで注目したいのは、白馬のスーホへの思いである。とのさまが愛情を注いだとしてもスーホとの関係を越えられないことを読みとらせる。

2次 本時 4／7時		1次
登場人物の関係性に注目することで、気持ちの変化を読み取ることができる。	←	「物語の構成」「視点」「あらすじ」を確認しながら、学級の読みのベースを整えることができる。

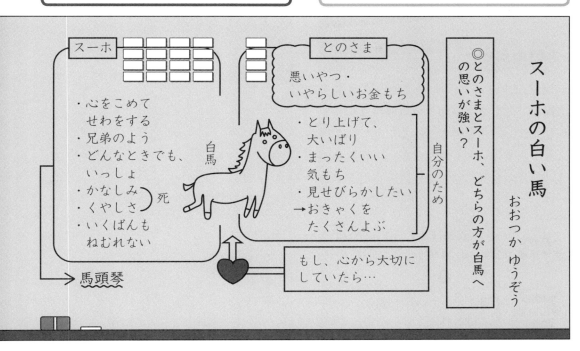

| 2 「Which型課題」の設定 | とのさまとスーホの白馬への思いを比較させ、白馬との関係を明らかにする。 | 1 問題意識の醸成 | 子どもたちの読みの率直な感想を引き出す。 |

とのさまに対するイメージを十分に膨らませ、Which型発問を行う。白馬に対してどのような思いをもっていたのか対比型の板書を用いて整理する。ほとんどの子どもが「スーホ派」に偏ると思われるが、その場合、教師が「とのさま派」となり、議論を活性化させたい。これまでの教材に比べ、長い文章だが、それぞれが白馬に対してどのような思いをもっているのか、本文を根拠にして話し合い、スッキリさせる。

スーホや白馬に対してひどいことを繰り返した「とのさま」。そんなとのさまに対して、読者としてどのような感想をもっているかを引き出す。おそらくほとんどの発言が、とのさまに対するマイナスイメージの発言であると考えられる。

「Which型課題」の授業展開　55

たんぽぽのちえ

（光村図書　2年）

3次
他の植物や動物の「ちえ」を紹介する文章を書くことができる。

本時のねらい

「かしこい」という視点から「ちえ」を比較し、内容をより深く読み取らせる。それと共に、題名を再考させることで、並列に書かれている「4つのちえ」に軽重をつけ、筆者の意図に迫る深い読みを引き出したい。

一般的な学習課題
「たんぽぽのちえ」の1つ目は何ですか？　2つ目は…？　3つ目は…？

↓

本時の「Which型課題」
1番「かしこい」と思うちえはどれ？

題名「たんぽぽの○○○ちえ」
・かしこい
・すごい
・仲間をふやす
・びっくりする

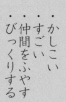

4 学習のまとめ　筆者側に立った思考で学習のまとめを行う。

3 考えのゆさぶり　題名の書き換えを通して、抽象的な表現を学ぶ。

　ここまでの「読者」の立場から深めてきた読みを、最後は「筆者」の立場から考えさせる。「かしこい」「すごい」「仲間をふやす」等の「ちえ」を具体的にする言葉を入れない効果に迫ることができる。「筆者はあえて、具体的にする言葉を入れないことで、読者にいろいろな捉え方ができるようにしているのではないか」というような筆者の意図に迫るような発言が生まれ、学習のまとめとなることを期待する。

　Which型発問で様々な「ちえ」に気付いた子どもたちの思考を焦点化させる。題名はあえてシンプルに「たんぽぽのちえ」と示されているが、「ちえ」の前に一言入れることで、ここまで深めてきた具体的な言葉を抽象的な言葉へと変換させるゆさぶりである。

2次 本時 3／8時		1次
「ちえ」の比較を通して、内容を読み取り、「問いと答え」「順序」等を理解することができる。	←	たんぽぽに関する既有知識を共有し、題名から「問いの文」を予想する等、教材への興味をもつことができる。

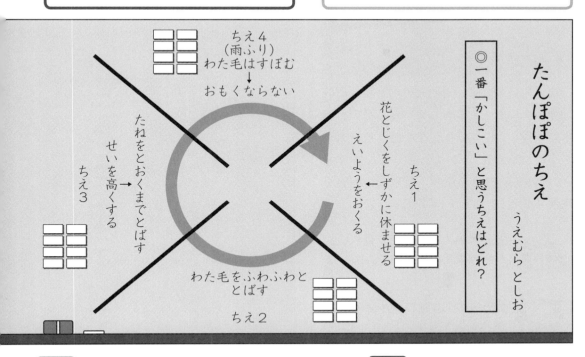

| 2 「Which型課題」の設定 | 「たんぽぽのちえ」を比べることを通して、「かしこい」という視点から整理する。 | 1 問題意識の醸成 | 事例の数を共有することで読みのベースを整える。 |

導入で確認した４つのちえを比較させることで、それぞれのちえの内容を読み取らせる。どの観点から「かしこいちえ」を捉えているかで選択の根拠や理由が分かれ、子どもたちは多くの「新たな視点」を発見できる。板書でそれぞれの「かしこいちえ」を整理しながら、４つの「ちえ」がどのようにつながるのかを可視化する。また、ぐるっと矢印を書くことで循環していることも発見させる。

「題名」や「まとめ」にも書かれている「ちえ」という言葉には、子どもたち一人ひとりの感覚にズレがあることが予想される。まずは、Which型発問に臨むための読みの土台を整えることから始める。大きなまとまりで捉えて学級では「４つのちえ」としたい。

「Which型課題」の授業展開

どうぶつ園の じゅうい

（光村図書　2年）

3次
「おすすめの仕事」を調べ、時間的順序に気を付けながら、2次の学習を活かした説明文を書くことができる。

本時のねらい

　第1次において、説明文の内容を「時間的順序」に沿って整理している。その上で本時では、「大へんなしごとランキングベスト3」を考えることを通して、各々の「しごと」の内容を比較・整理し、内容を理解させる。

一般的な学習課題　じゅういさんの「しごと」はどんなことをしますか？

↓

本時の「Which型課題」　大へんなしごとランキングベスト3をつくろう

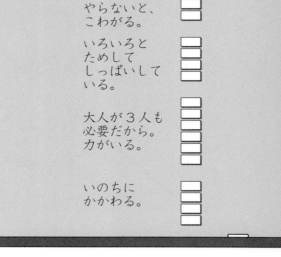

4　学習のまとめ　「しごと」の内容の違いや分類について理解したことをまとめ、学習のふりかえりを記述させる。

3　考えのゆさぶり　板書に注目させ、「しごと」を分類させる。

　「大へんなしごとランキング」や「しごとの分類」を通して、毎日行う「しごと」が前後に書かれており、突発的な「しごと」が間に挟まれている構成になっていることを確認する。説明文の学習をする時には、第1次で学んだ時間的順序だけでなく、事例の「仲間分け」を意識することで説明文全体のつながりが見えてくることをまとめ、本時の学習のふりかえりを記述させる。

　全体交流の中でしかけていた板書の工夫を生かす。「しごと」の頻度を比べると、「毎日」と「その日だけ」の「しごと」に分類できる。この視点に気付かせてから再度、「大へんなしごと第1位」を問い、考えの変容があるかを確かめても良い。

58　第3章

2次 本時 3／8時	1次
「事例の分類」「問いと答え」「時間的順序」を考え、内容を読み取ることができる。	循環型板書（大きな円を用いる板書）で、時間的順序を整理し、内容への関心をもつことができる。

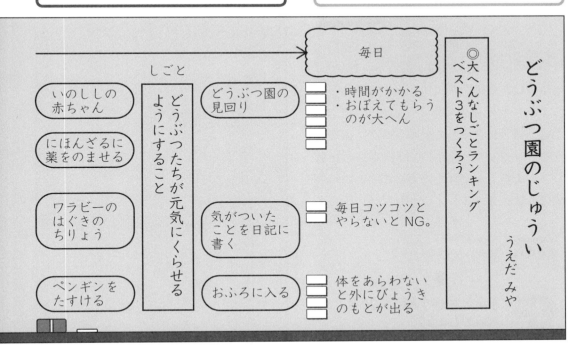

2 「Which型課題」の設定	1 問題意識の醸成
「大へんなしごとランキングベスト3」を問い、事例を比較させることで内容を読み取る。	「しごと」の数に注目させることで、定義を確認する。

　ここでは、事例を比較させながら視野を大きくもたせるために、あえて「ベスト3」を考えさせる。全体交流では、時間的制約があるため、第1位のみを発表させる。（ネームマグネットを活用し、可視化させると良い）
　各自の主張を発表させる中で、その根拠と理由を板書で整理し、内容の読み取りを深めていく。その際、ゆさぶり発問につなげるため、板書は左右に分類しながらまとめていく。

　「『しごと』はいくつありますか」と問う。おそらく、6つと7つに分かれるだろう。ポイントは、「おふろ」を「しごと」に入れるのかという点である。1段落に書かれている「どうぶつたちが元気にくらせるようにすること」という定義を確認したい。

「Which型課題」の授業展開　59

おにごっこ

（光村図書　2年）

3次
おにごっこの楽しさをミニ新聞で伝える。2次の学びを文章として表現することができる。

本時のねらい

筆者は、最終段落にて「みんなが楽しめるように」と述べている。この「楽しい」という言葉に含まれている意味を「頭を使う」「チームワーク」という視点から比較し、考えることで4つのおにごっこについて読み深めさせる。

一般的な学習課題
どんなおにごっこが紹介されていますか？

↓

本時の「Which型課題」
1番頭を使うおにごっこは、どれでしょう？

「チームワークが必要」なおにごっこ

4 学習のまとめ
「楽しい」という一言に込められている意味は視点によって違いがあることを知る。

3 考えのゆさぶり
教材を見る視点を変え、ゆさぶりをかける。

「頭を使う」「チームワーク」という2つの視点から、4つのおにごっこを比較したことで、筆者の述べる「みんなが楽しめる」をより多角的に読み取ることができる。そのための「きまり」でもある。また、これらの「きまり」は、「おに側」「にげる側」どちらの立場が優位になるように考えられたものなのかを検討することでさらに、読みが深まるだろう。「問いと答え」の関係もこの授業で整理できる。

教材を見る視点を変えるゆさぶりをかける。「同じですか？違いますか？」というシンプルな問いである。子どもたちの実態によっては、「では、この4つのおにごっこってどんな順番で紹介されているのだろう」と発問を追加しても深い学びを引き出せるだろう。

2次 本時 3／6時	1次
4つのおにごっこの比較を通して、「問いと答え」「事例の順序」等を読み深めることができる。	自分の知っているおにごっこと筆者の述べるおにごっこを比べて整理することができる。

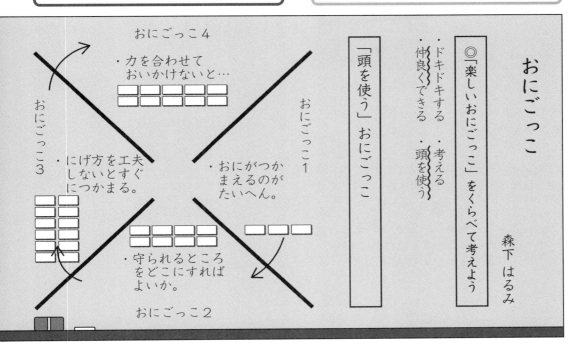

2「Which型課題」の設定 いろいろな楽しみ方があることを確認した後、「頭を使う」という視点から考える。	**1** 問題意識の醸成 経験から「楽しいおにごっこ」とは何か考える。

　本文には大きく4つの楽しみ方が紹介されている。それぞれを「おにごっこ1・2・3・4」として、「頭を使う」という視点から判断させ、読みを深める。4つのおにごっこを比較させることでそれぞれの共通点や相違点、特徴が明らかとなる。話し合いを進める中で、4種類のおにごっこに対する考えが深まっていくことを期待する。板書整理を上記のように工夫することで、子どもたちの頭の中をスッキリ整理させたい。

　子どもたちの経験から「楽しいおにごっこ」とは何かを引き出す。感覚的な「楽しさ」を言葉で表現させる。「ドキドキする」「考える」「仲良くできる」等の楽しさを発表することが予想される。その中からWhich型発問につながる「頭を使う」に焦点化する。

「Which型課題」の授業展開　　61

ちいちゃんの かげおくり

（光村図書　3年）

本時のねらい

「もしもちいちゃんが生きのびていたら……」と思考することで、作品の訴えたいテーマについて考えることができる。

一般的な学習課題　ちいちゃんが死んでしまうことについてどう思いますか？

↓

本時の「Which型課題」　ちいちゃんが生きのびる作品とこのままの作品、どちらがいい作品？

3次　自分なりの言葉で感想文を書き、友達と読み合い、感想を伝え合うことができる。

```
みんなもあまんさんも気持ちは……
「生きてほしい」
だけど「どうしてもちいちゃんが死んでしまうのです」→作品のテーマ

☆お話から伝わってくることは？
・戦争のつらさ
・戦争をおこしたくない
```

4 学習のまとめ　作品のテーマについて自分の言葉でまとめる。

- このお話からあなたに一番伝わってくることは何でしょう？
- 戦争のつらさ
- ちいちゃんみたいな小さい子も死んでしまうような戦争は絶対嫌だと思った

作者本人ですら生きさせたかったちいちゃんが死んでしまう、この作品からどんなことを受け取ったかを自分の言葉で表現させる。そして、それがお話の「テーマ（主題）」であることをまとめる。

3 考えのゆさぶり　このままの作品の良さについて考える。

- 作者は「ちいちゃんを生きさせたかったけど、どうしても亡くなってしまう」と言っていました。なぜでしょう？
- 悲しいけれど、その方がより悲しさが伝わる

話し合いが進んだ後、「あまんきみこさんはどうしたかったのかな」とゆさぶる。子どもたちは「それは、作品で死んでしまうのだから、死んだほうがいいと思ったんじゃない」と口にする。そこで、「どうしてもちいちゃんが死んでしまうのです。」という作者の言葉を紹介する。

2次 本時 7／10時
物語を中心人物からや読者からの視点から読み、感想をもつことができる。

1次
物語を一文で表すことで、物語全体の大体をつかむことができる

ちいちゃんのかげおくり
あまん きみこ

物語の結末
↓ちいちゃんが死んでしまう
※あえて最後は明るい場面

◎ちいちゃんが生きのびる作品とこのままの作品、どちらがいい作品？

生き延びる作品
・ちいちゃんはまだ小さい子だから
・その方が僕はうれしいから

このままの作品
・悲しいけれど、このままの方が「戦争はとても悲しい」ということが読む人によく伝わる
・ちいちゃんみたいな小さい子も戦争で命を落としてしまった、という事実がよく伝わるから

---

2 「Which型課題」の設定
どちらがいい作品か考え、話し合う。

> みんなはどちらがいい作品だと思う？
> どっちがいいかと聞かれると……う～ん……
> 悲しいけどこのままの方がいいのかも

1 問題意識の醸成
作者のお話を聞かせることで、子どもの考えを引き出す。

> 最後にちいちゃんは亡くなってしまいますが、あまんきみこさんはちいちゃんが生きのびるお話も考えていたそうです
> 生きのびて欲しいからそっちの方がいい！

「どちらがいい作品か」という観点で考えることを伝える。様々な考えが出されるが、「生きのびる」方がいいという子は、登場人物に同化して読んでいる一方、「このまま」の方がいいという子は、客観的な視点で読んでいる。その違いにも着目させたい。

作者あまんきみこさんの「ちいちゃんが生きのびて、子どもを生むお話も考えていた」という構想を子ども達に伝える。多くの子どもたちは目を輝かせて、「その方がいい！」と口にする。一方、そうではない子もいるはずである。そのような子にもスポットライトを当て、「考えのズレ」を明らかにする。

三年とうげ

（光村図書　3年）

3次
自分の選んだ民話を読み、感想を伝え合うことができる。

本時のねらい

本格的な物語が二場面から始まることから、「一場面はなくてもよいのか」について話し合い、一場面の役割に気づくことができる。

一般的な学習課題：一場面はどのような役割がありますか？

本時の「Which型課題」：一場面はなくてもよい？

【板書】

なくてはダメ
- ないと、読む人が「三年とうげ」って何なのかよく分からないから。
- 「おじいさん」以外の重要なことが描かれているから。
- 言い伝えが書かれているから。

☆物語の初めに「設定」が書かれていて、読者に分かりやすくしている。

---

4 学習のまとめ　「物語の設定」を押さえ、一場面の役割についてまとめる。

（先生）このように、物語の「人」「時」「場」は初めに書かれていることが多いのです。物語の設定といいます

（児童）そうすると、読む人はどんなお話かわかりやすいね

（児童）この前読んだお話もそうだったな

「物語の設定」についてしっかり押さえるとともに、それが初めに書かれていることが多いことやその効果についてまとめる。そうすることで他の物語を読む際にも注目できるようにする。例えば「ももたろう」の冒頭の「昔々、あるところに、おじいさんとおばあさんが……」を紹介すると、子どもたちも「たしかにそうだ！」と納得しやすい。

3 考えのゆさぶり　一場面があるのと無いのとではどう違うか考えさせる。

（先生）もし一場面がなければ、どうなるのでしょう？

（児童）三年とうげについての説明がなくなって読む人がわからなくなる！

別に一場面がなくてもいい、という子が多ければ、「一場面がなかったら、どうなるのか、抜かして読んでみましょう」と投げかける。すると、「三年とうげ」についての説明が無くなってしまうことに気づくだろう。

64　第3章

2次 本時 2／6時	1次
物語を様々な視点から読み、自分の読みを深めることができる。	物語の内容の大体をつかむことができる。

```
三年とうげ
　　　　　　李錦玉

二場面から物語が始まる
↓
一場面はおじいさんが出てこない

◎一場面はなくてもよい？

［一場面の本文］

なくてもよい
・なくても話が通じるから。
・主人公のおじいさんが出てこないから。
```

2「Which型課題」の設定　一場面がなくてもよいかどうか話し合う。

教師から、「一場面がなくてもよいのではないか」とゆさぶり発問をする。「確かに！」と食いついてくる子もいれば、「いや、だめだよ」と口にする子もいるだろう。ここから、話し合いに入っていく。その際、子どもたちの発言から出された、一場面の本文の言葉に線を引きながら、確認していく。

1 問題意識の醸成　前時の復習をし、一場面に注目させる。

授業の初めで、前時を振り返る。場面わけしたことを想起させ、一場面におじいさんが出てきていないことに着目させる。

「Which型課題」の授業展開　65

モチモチの木

（光村図書　3年）

本時のねらい

「豆太の気持ちが一番分かるところ」を交流する中で、自分の知識や経験と結びつけた読みをすることができる。

一般的な学習課題　自分の経験とつなげて読みましょう。

本時の「Which型課題」　あなたが、一番豆太の気持ちがわかるところはどこ？

3次　「引用」と「自分の言葉」を使い分けて学習作文を書く。

・はじめっからあきらめて〜
　→お兄ちゃんにいじわるをされたとき、自分も初めからあきらめてしまった。

☆自分に「引き付けた」読みという。

4 学習のまとめ　自分とは違う意見がたくさん出されていることを意識させ、経験の違いによるものだと押さえる。

「一人ひとり経験がちがうからだと思います」

「みんな選んだ理由がちがうね！」

「一人ひとりみんな違う意見が出ましたね どうしてだろう？」

同じ文章を読んでも、こんなに「一番気持ちがわかるところ」が違うことを意識指せ、それが一人ひとりの経験の違いからくることを押さえる。そして、経験などと結び付けて読むことを「自分に引き付けて読む」ことだと説明し、物語を豊かに読む読み方であると価値付ける。

3 考えのゆさぶり　「なるほどなぁ」と思う意見を探しながら話し合う。

「「なるほどなぁ」と思う意見を考えながら聞きましょう」

「ぼくは「こんな冬の真夜中に〜」というところです。なぜなら〜」

友達の意見について、「なるほどなぁ」を探しながら聞かせる。最後に手を挙げさせるとよい。自分の考えとの違いに気づかせたい。

2次 本時 4／9時	1次
物語を自分の経験と照らし合わせて読むことができる。	← 物語の内容の大体をつかむことができる。

モチモチの木

斎藤　隆介

◎あなたが、一番豆太の気持ちがわかるところはどこ？

〈書き方〉
「　　引用
です。なぜなら〜〜
　　　　　」というところ

・「それじゃあ、おらはとってもだめ」
　→自分も同じように思ったことがあるから。
・こんな冬の真夜中に〜〜
　→長野に行った時、夜の森に行って、とっても怖かったから。
・お化け屋敷に入ったとき同じように思ったから。
・じさまもおとうも見たなら、自分も見たかった
　→お父さんがお酒を飲んでいて、自分も飲んでみたいと思ったから。
　→自分も友達みたいに兄弟が欲しいなぁと思ったことがあるから。

2 「Which型課題」の設定	1 問題意識の醸成
「一番豆太の気持ちがわかるところはどこか」を考える。	前時の検討から、豆太に対する共感を確認する。

豆太への「共感」から、「それでは、一番気持ちが分かるところは？」という流れで本時の課題へと入っていく。課題は「よくわかるところ」や「あるある！」などと言うと、子どもはイメージしやすく、伝わりやすい。

授業の初めで、前時を振り返る。前時では、設定の検討を通して、豆太はそこまで臆病ではない、という共感の気持ちを引き出しておきたい。

「Which型課題」の授業展開　　67

こまを楽しむ

（光村図書　3年）

本時のねらい

　事例の位置を変えてもいいかを話し合うことを通して、事例の配置に合わせてまとめの文が書かれているという、事例とまとめの対応関係に気付かせる。

一般的な学習課題：第8段落には、どんなことが書かれていますか？

↓

本時の「Which型課題」：「おわり」の説明のいいところは？（第8段落の何文目がいいと思う？）

3次

「言葉で遊ぼう」、「こまを楽しむ」で学習した、説明の仕方の工夫についてまとめる。

```
おわり
  1文目　このように日本には……
  2文目　それぞれ色も形も……
  3文目　人々は、このつくりに……

おわりのいいところは、
・このように → 「まとめ」を表している
・回る様子と回し方 → 「中」と合っている

☆中とおわりの説明のじゅん番が合っている
```

4　学習のまとめ　事例の分類、事例とまとめを対応させるという説明の工夫について確認する。

3　考えのゆさぶり　こまの写真を移動させ、事例の配置に目を向ける。

・形ではなくて、種類ごとにしている
・安藤さんは、何を考えて説明しているのかな？
・回る様子と回し方で分けているんだ
・細長い形の「たたきごま」は、「鳴りごま」の隣がいいな…
・勝手に位置を変えてはダメだよ

　第8段落の2文目に「色も形もちがいますが」と書かれていることに触れ、「形が似ているものは、隣同士にした方がいいよね」と、こまの写真を移動する。「色がわりごま」の次に「曲ごま」、「鳴りごま」の次に「たたきごま」を移動する。

　「位置を変えようとしたら、筆者の安藤さんに『そんなことしたら、仲間分けが崩れちゃう！』と怒られちゃった。安藤さんは、前半の3つと、後半の3つで、仲間分けしていたみたい」と伝え、筆者がどのように分類していたかを考えさせる。前半と後半のこまの「楽しみ方」の違いや、第8段落の「回る様子や回し方」という表現に気付かせ、事例の分類や事例とまとめの対応という説明の工夫を確認する。

2次 本時 5／6時		1次
問いと答え、事例とまとめの関係などの文章構成を理解することができる。	←	「言葉で遊ぼう」の学習を生かして、「段落」、「問い」、「はじめ・中・終わり」などを確認する。

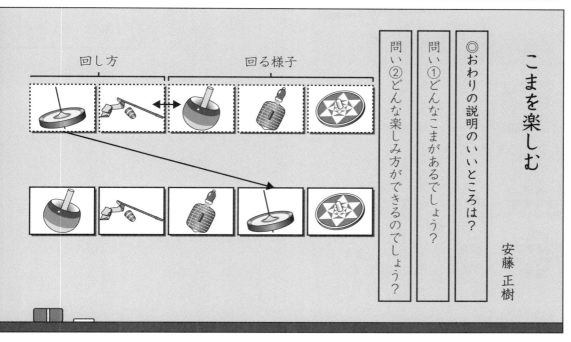

2 「Which型課題」の設定 　「おわりの説明のいいところは？」と問い、第8段落の中でいいと思った一文を選ばせる。

1 問題意識の醸成 　問いと答えを確認し、こまの楽しみ方を想起させる。

　「おわり」の段落である第8段落には3つの文があることを確認し、その中で特にいいと思った一文を選ばせ、ノートに1～3の番号を記入させる。意見交流では、まず何文目を選んだかを挙手させて、少数意見から発言を促すようにする。1文目の「まとめ」を表す「このように」という表現や、2文目の「違いと共通点」を述べている点、3文目の「くふう」という表現が、第1段落と対応していることなどに着目させる。

　「はじめ」には「問い」、「中」には「答え」が書かれていたことを確認した上で、「今日は、おわりについて考えていこうね」と自然に方向付けを行う。黒板には、「問い」の2文と、「答え」である「こまの種類」と「楽しみ方」を掲示しておく。

「Which型課題」の授業展開

すがたをかえる大豆

（光村図書　3年）

本時のねらい

九つの事例（大豆食品）についての説明内容を読み取らせるとともに、事例の分類や事例の説明の順序における筆者の意図や工夫に気付かせる。

一般的な学習課題　どんな食品がどんな順番で説明されていますか？

↓

本時の「Which型課題」　一番すがたをかえていると思うのは、どの食品ですか？

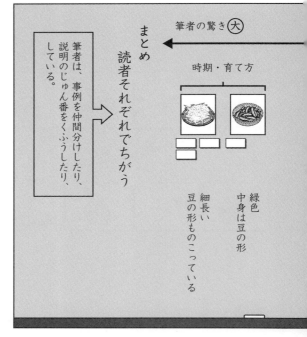

3次　事例の順序や分類の仕方を考えながら、「すがたをかえる○○」を書く計画を立てる。

4　学習のまとめ　筆者の立場で考えることを通して、事例の分類や説明の順序における工夫を解釈させる。

筆者から、「先生！勝手に順番を変えないでください！せっかくぼくが…」と言われたと設定し、それに続く筆者の言葉を考え、話し合う。筆者の立場に立って考える中で、事例を分類しながら説明していることに気付いたり、分類をした上で順序についても工夫をしているかもしれないということを、解釈したりすることができるようにする。

3　考えのゆさぶり　事例を説明する順序に着目させる。

既習の説明文教材などを振り返り、一般的に、読者が驚くものを後半に説明することが効果的であることを確認する。その上で、「だとすれば、多くの児童が選んだ事例は、後半に説明した方がいいよね？」とゆさぶり、本教材の事例の順序性に目を向けさせる。

2次 本時 5／6時		1次
事例の分類や説明の順序、事例選択の意図などの筆者の工夫について考える。	←	知っている大豆食品について話し合った上で教材を読み、感想を交流する。

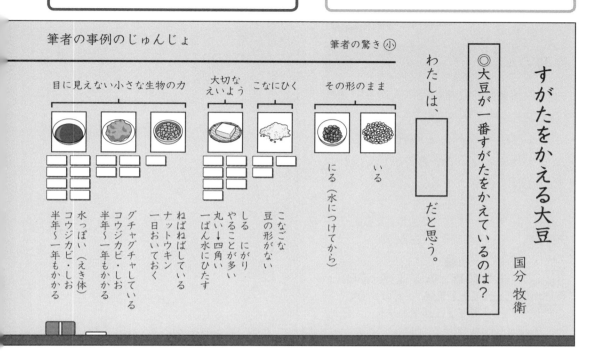

	2 [Which型課題]の設定 「一番すがたをかえている」と思うものを話し合うことを通して、説明内容を読み取る。		1 問題意識の醸成 事例の確認をしながら、説明の順序性を意識させる。

まずは、各自が「一番姿を変えている」と思う食品を指ささせ、それぞれの考えが異なることを確認する。その上で、「考えが違って面白そうだから、話し合ってみよう」と投げかけ、話し合いへと展開する。意見交流では、名前の磁石で立場を決定したうえで、本文中の記述や写真を根拠にして理由を述べ合う。色や形、様子、手間、かかる時間など、着眼点によって読者それぞれで答えが異なることを確認する。

大豆食品の写真を順に掲示していくことで、九つの事例が説明されていたことを確認する。その際、教材における説明の順序とは異なる順序で掲示することで、児童から「順番が違う」という発言を引き出し、事例の説明の順序性への意識づけを図る。

「Which型課題」の授業展開　71

ありの行列

（光村図書　3年）

3次
ウイルソンの実験と考察の仕方について、「ありの行列新聞」にまとめ、紹介し合う。

本時のねらい

第3段落と第4段落の間に入れる一文について話し合うことを通して、説明文には「かくれた問い」がある場合があることや、書かれていないことを予想して読むことの必要性を理解させる。

| 一般的な学習課題 | ウイルソンはなぜ、大きな石をおいたのでしょうか？ |

↓

| 本時の「Which型課題」 | 第3段落と第4段落の間に入れるとしたら、どの文がいいでしょうか？ |

```
まとめ　入れるならCの文
☆かくれた問いや、考えたことを予想して読むことが大切。

④段落と⑤段落の間に入る言葉は…？
```

4 学習のまとめ　本時の学習を活用し、第4段落と第5段落の間に入る言葉を考える。

3 考えのゆさぶり　「かくれた問い」の効果を考える。

本時の学習内容として、「説明文では、かくれた問いなどの書かれていないことを予想して読むことが大切」とまとめる。その上で、本時の学習内容の活用として、「第4段落と第5段落の間に、ウイルソンの言葉を入れるとしたら？」という課題を出し、考えさせる。ここでは、「やはり道すじに何かついているようだ」というような言葉が書けていれば、実験後のウイルソンの考えに気付けていると言える。

「C」の一文のように、書かれていない問いのことを「かくれた問い」ということを伝える。「筆者にこの一文を入れることをおすすめしたら断られた」という状況を設定し、あえて書かずに「かくれた問い」にする効果について話し合い、考えさせる。

2次 本時 3／5時		1次
事実の文と意見の文の区別や、実験や考察の考えの進め方を理解することができる。	←	ありの行列について知っていることや、「ありの行列」を読んで思ったことを交流する。

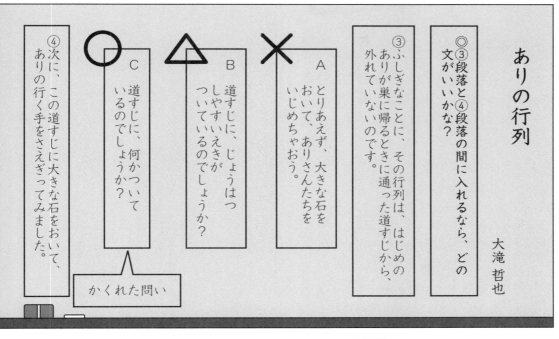

	2 「Which型課題」の設定	第3段落と第4段落の間に入れるとしたら、どの一文がよいと思うか考える。		1 問題意識の醸成	前時を振り返り、第4段落の一文目を確認する。

　「先生ね、第3段落と第4段落の間に、文を一つ加えたらどうかなと思うんだよね」と話しながら、A、B、Cの3つの文を提示する。「入れるとしたらどの一文がよいか」と問い、話し合いを行う。Aを否定する意見を取り上げることで「石を置く目的」の理解が促され、Bの内容について考えることで、第3、4段落の実験の時点では「えき」についてはまだ分かっていないことが確認できる。

　前時では、第3段落の文を3種類の文（①ウイルソンがしたことの文、②ありがしたことの文、③ウイルソンが考えたことの文）に分けて捉える活動を行っている。本時ではまず、前時を振り返りつつ、「第4段落の一文目は何の種類の文かな？」と確認を行う。

「Which型課題」の授業展開　　73

白いぼうし

(光村図書　4年)

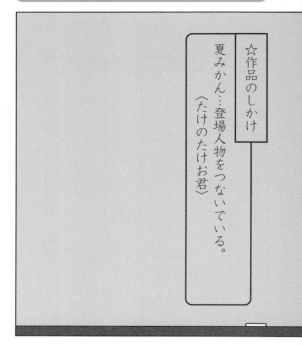

3次
「松井さん」が登場する他の作品にも、「作品のしかけ」があるか調べ、発表することができる。

（板書）
☆作品のしかけ
夏みかん…登場人物をつないでいる。
〈たけのたけお君〉

本時のねらい

松井さんが「夏みかん」を置いたわけを考えることを通して、「夏みかん」が果たした作品のしかけに気付かせる。また、発問の選択肢にはない「たけのたけお」と松井さんとの関係をつなぐ役割を果たしていることにも気付かせたい。

一般的な学習課題
松井さんは、どうして夏みかんを車の中に置いたのだろう？

↓

本時の「Which型課題」
松井さんが車の中に夏みかんを置いていたのは誰のため？

4 学習のまとめ
「夏みかん」と題名の関係を深めることで明らかになったことをまとめる。

3 考えのゆさぶり
「夏みかん」は、題名にふさわしいか考える。

上記の板書のように、夏みかんが登場人物の関係をつないでいることを整理する。また、題名との関連を話し合うことで明らかになった「作品全体のイメージというには弱い部分もあること」を授業の余韻として残し、次の時間に「題名にふさわしいのは、白いぼうし？夏みかん？」という学習課題に取り組むこともおもしろい。このような「作品のしかけ」に気付く読み方を楽しませたい。

「白いぼうし」と同様に印象的な「夏みかん」。「作品の題名にしてもいいかな？」とゆさぶることで、作品全体のイメージに迫る。「夏みかん」は、登場人物の関係をつなぐ役割を果たしているが、作品全体のイメージとなるとやはり「白いぼうし」となるだろう。

2次 本時 2／7時		1次
作品に隠されている「物語のしかけ」を見つけることを通して、読み深めることができる。	←	ログライン（○○が××をして△△になった話）を用いて、あらすじをつかむことができる。

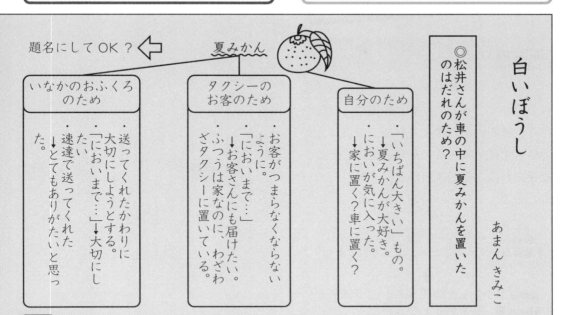

| 2 「Which型課題」の設定 | 「松井さんが車の中に夏みかんを置いたのは誰のためか」を問い、作品のしかけを考える。 | 1 問題意識の醸成 | 頭のイメージを言語化させ、「夏みかん」に注目させる。 |

　作品の大きなしかけの1つである「夏みかん」に視点を当て、「誰のためにおいたのか」を問うことで読みを深める。選択肢は、「自分のため」「タクシーのお客のため」「いなかのおふくろのため」の3択である。本文には、「あまりうれしかったので……この車にのせてきた」という記述がある。「自分」「いなかのおふくろ」を選択肢に入れることで、「ゆさぶり」の要素も含んでいる。

　作品の中で印象に残っているものを発表させ、頭の中の作品イメージを言葉で共有する。そして、Which型発問につなげる「夏みかん」を引き出す。また、「夏みかんってどんなイメージ？」と問い、「夏みかん」の爽やかなイメージを十分に広げておきたい。

「Which型課題」の授業展開　75

一つの花

（光村図書　4年）

> 3次
> 自分たちの考えた「学習問題」を設定し、グループで読み深めたことを発表することができる。

本時のねらい

ゆみ子の成長に影響を与えた父と母の比較を通して、その共通点と相違点に気付かせる。時間的なかかわりや「一つだけ」という言葉に込められた意味に迫ることで、より深い読みを引き出すことをねらっている。

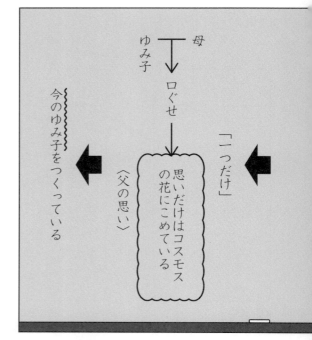

△ 一般的な学習課題：ゆみ子はお父さんとお母さんにどんなことをしてもらったのかな？

↓

本時の「Which型課題」：ゆみ子の成長に、より大きな影響を与えた人物は、お父さん？お母さん？

---

4 学習のまとめ 1時間の授業をふりかえり、学習のまとめを行う。

3 考えのゆさぶり 両親の使っていた「一つだけ」の意味の違いを考える。

父と母を比較することを通して、明らかになった読みを整理する。「一つだけ」といってコスモスの花をプレゼントして戦争に行ってしまった父、ゆみ子の口ぐせである「一つだけ」はもともとお母さんの口ぐせであったこと等、物語の背景も含めたゆみ子との関わりをまとめることができる。本時の授業を通して見つけた「新たな発見」を記述させたい。

「一つだけ」という共通点に注目し、それぞれが込めていた思いを話し合うことで読みを深めていく。言葉は同じであっても微妙なニュアンスの違いが生まれていることに気付かせたい。また、父が母とゆみ子に託した思いにも迫ることを期待している。

2次 本時 3／10時		1次
「しかけの発見」を課題とし、「登場人物の関係」「題名」「心情の対比」等を読み取ることができる。	←	「あらすじ」「構成」を確認し、物語のだいたいを捉えることができる。

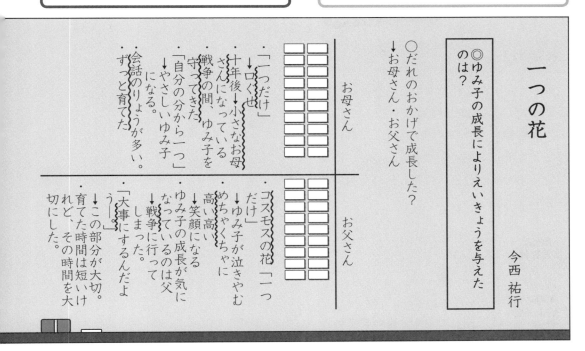

| 2 「Which型課題」の設定 | 父と母の比較を通して、ゆみ子との関係性を明らかにする。 | 1 問題意識の醸成 | ゆみ子の成長に影響を与えた人物を引き出す。 |

父と母のどちらがゆみ子に大きな影響を与えていたのか判断し、意見を交流させる。父を選んだ子は「コスモスの花」「高い高い」「戦争による死」がキーワードだろう。一方、母を選んだ子は「ずっと育てた」「口ぐせ」「守る」「小さいお母さん」がキーワードである。それぞれのキーワードを板書で整理するなかで共通点・相違点を明らかにしたい。

ゆみ子の成長に影響を与えた父と母の存在に焦点化し、どんなことをしてくれたのかを簡単に押さえる。それぞれの行動を押さえた上で、Which型発問につなぐことで、学力の低い子でも話の流れについてこられるように配慮したい。

「Which型課題」の授業展開　77

ごんぎつね

(光村図書・東京書籍・学校図書・教育出版・三省堂　4年)

> **3次**
> 新美南吉の他の作品を読み、おもしろさを発見し、ミニ新聞にまとめ発表することができる。

本時のねらい

　ごんと兵十の「ひとりぼっち」を比較することで、共通点と相違点を明らかにして、人物像をより深く読み取る。「おれと同じひとりぼっちの兵十か。」というごんの会話文の前後から、行間も含めた深い読みを引き出したい。

一般的な学習課題　ごんってどんなきつね？兵十ってどんな人物かな？

↓

本時の「Which型課題」　ごんと兵十の「ひとりぼっち」は、同じですか？違いますか？

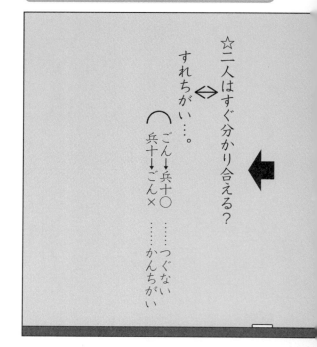

☆二人はすぐ分かり合える？
すれちがい……。
ごん→兵十○
兵十→ごん×
……つぐない
……かんちがい

4 学習のまとめ　ごんと兵十の「人物像」、二人の気持ちのすれ違いについて、学習のまとめを行う。

　本時の学習のまとめとして押さえたい学習用語は、「人物像」と「気持ちのすれ違い」である。比較し、ベン図を用いて整理したことで共通点と相違点が明らかとなり、言葉として〈ひとりぼっち〉の共通点はあるものの「そこはお互いが共感できる部分ではない」ということに気付かせる。この授業を通して新たに学びになったことや納得した友達の考えも含めて、学習のふり返りを記述させる。

3 考えのゆさぶり　共通点をきっかけに、二人の関係を考える。

　共通点を明らかにすることで、ゆさぶり発問へとつなげていく。「共通点＝分かり合える部分」という捉えから、「二人は分かり合える」というゆさぶりをかけ、すれ違う二人の様子を読み取らせる。「共通点があるのにすれ違うのはなぜか」についても深めたい。

2次 本時 4／8時	1次
ごんの心情の変化を中心に読み取り、登場人物のかかわりや関係性を明らかにすることができる。	「あらすじ」「物語の設定」「構成」を確認することができる。

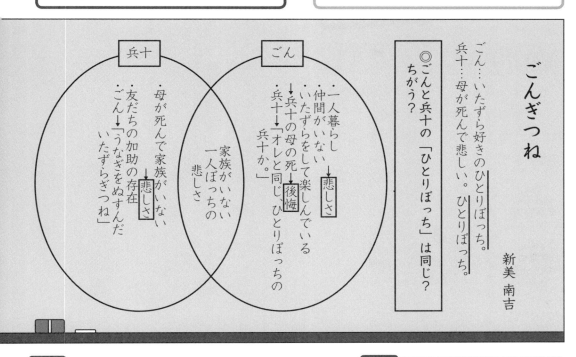

2 「Which型課題」の設定	1 問題意識の醸成
ごんと兵十の「ひとりぼっち」を比べることで、気持ちの違いを整理する。	ごんと兵十の人物像をふりかえり、簡単に確認する。

　学習課題に対する子どもたち一人一人の発言をまずは書き出す。「悲しさ」「寂しさ」「悔しさ」等、様々な感情が発表されることが予想される。次に、「ごん」と「兵十」のひとりぼっちがどのような内容かを明らかにした上で、相違点→共通点の順で整理する。特に「悲しさ」という心情は、ごんと兵十はそれぞれが心に抱えている内容にまで深く迫りたい部分である。

　本時までに読み取ったことをふりかえりながら、ごんと兵十の人物像について簡単に確認する。二人とも「ひとりぼっち」であることを確かめ、Which型発問へとつなげる。板書は、上記のように左右に分けて記し、授業中盤でベン図になる「線」を書き込む。

「Which型課題」の授業展開　79

動いて、考えて、また動く

（光村図書　4年）

> **3次**
> 興味をもったところを引用し、それについての自分の考えをまとめ、発表する。

本時のねらい

センテンスカードを分類する活動を通して、説明内容について理解するとともに、題名と主張との関係や、話題の選択について考えさせる。

一般的な学習課題　「動いて」の部分はどこですか？　また、「考えて」の部分は？

↓

本時の「Which型課題」　赤と青、どちらの仲間でしょうか？

【板書】
- 題名は「走って、考えて、また走る」の方がいいのでは？
- ◎筆者が伝えたいのは……「動いて、考えて、また動く」は、走ることが大切　←　運動、勉強など、何事でも大切
- ☆筆者の得意分野を話題にしている（話題の選択）

4 学習のまとめ　「動いて、考えて、また動く」という題名をつけた筆者の意図を解釈する。

3 考えのゆさぶり　題名と内容との整合性に着目させる。

題名を「走って、…」でなく、「動いて、…」とした筆者の意図を解釈する。第1段落の「運動でも勉強でも」という部分や、結論部を根拠にしながら、筆者が伝えたいのは、「動いて、考えて、また動く」という姿勢が、何事においても大切であるということであり、走ることに限定した話ではないことを確認する。また、筆者が主張を述べる上で、自分自身の陸上での経験を話題として選択していることを確認する。

第3段落までの内容が、「動いて→考えて→動いて…」となっていることを確認した上で、「動いて」の内実は「走って」であることに気付かせる。そうであるならば、題名も、「動いて、…」ではなくて、「走って、…」に変えるべきだとゆさぶる。

2次 本時 3／5時	1次
事実と意見、事例と主張、課題の選択などについて理解することができる。	「大きな力を出す」の学習を生かして双括型の文章構成などを確認する。

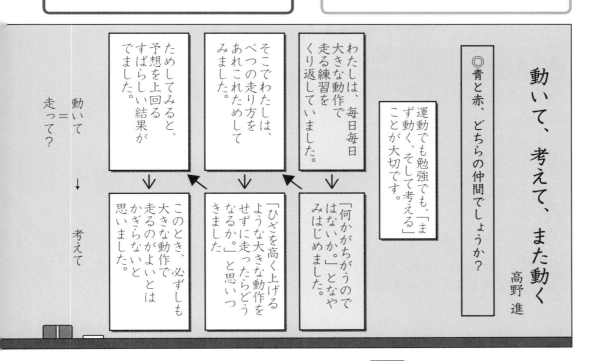

2 「Which型課題」の設定	1 問題意識の醸成
センテンスカードの分類の仕方を考えることを通して、説明内容を理解する。	前時を振り返り、序論部の筆者の主張を確認する。

　赤と青の色分けに疑問を持たせた上で、「この４枚は赤と青のどちらの仲間でしょうか？」とさらにカード（白）を提示する。４枚は、表が白で、裏が赤または青になっている。それぞれどちらの仲間に入るかを予想させた上で、カードを裏返して色を確認する。そして、「なぜその色（仲間）なのか」を話し合うことを通して、第３段落までの内容が「動いて」と「考えて」という観点から整理できることを確認する。

　第１段落を学習した前時を振り返り、第一文目の「運動でも勉強でも、『まず動く、そして考える』ことが大切です」という筆者の主張を確認する。本時では第３段落までを学習することを伝え、赤と青の２枚のセンテンスカードを提示し、黒板で上下に配置する。

「Which型課題」の授業展開

ウナギのなぞを追って

（光村図書　4年）

本時のねらい

文末表現に着目することで、事実を表している部分と、仮説（考え）を表している部分を見分けることができることに気付かせる。

一般的な学習課題：文末表現の違いは、何を表していますか？

↓

本時の「Which型課題」：この中で、はずれのカードはどれかな？（その理由は？）

3次
興味をもったところを中心に文章を要約し、それを用いて紹介文を書いて交流する。

```
はずれは、「D」のカード
A、B、C、Eは、事実の文
Dは、「〜かもしれない」という考え
　　　　　　　　　　　↓「仮説」
☆文末表現で見分けることができる
```

4 学習のまとめ　筆者が「仮説」を立てている部分が、「はずです」という表現になっていることを確認する。

「はずです」という表現が使われる場合について話し合い、確かではない場合や予想の段階、〜かもしれないと考えているときであることを確認する。そして、そのように考えることを「仮説を立てる」ということを伝え、本教材では、文末表現で、事実と仮説が書き分けられていることを確かめる。説明文では、文末表現に着目することで、事実なのか、筆者の考えなのかを見分けることができることをまとめる。

3 考えのゆさぶり　確定的表現を仮定し、不確定表現の理由を話し合う。

「Eのカードで、実際に小さいレプトセファルスがとれているのだから、『はずです』じゃなくて、『います』って言ってしまえばいいのにね！」と、確定的な表現を仮定してゆさぶる。「この時点では、まだ確定できない」という意見を引き出したい。

2次 本時 4／8時	1次
事実と仮説、考察の関係を捉えたり、写真や図表と本文を対応させたりしながら読むことができる。	読んで疑問に思ったことを交流したり、音読練習をしたりする。

ウナギのなぞを追って
塚本　勝巳

◎はずれのカードはどれかな？

④〜⑦段落

A　レプトセファルスはとうめいで、やなぎのはのような形をしています。

B　最初にとれたのは、一九六七年。体長は五十四ミリメートル。場所は、台湾の近くの海でした。

C　レプトセファルスは海流に乗って運ばれます。

D　海流の上流に行くほど、小さいものがいるはずです。　←自信がなさそう！

E　一九九一年、十ミリメートル前後のレプトセファルスを約千びきとることができたのです。

1　問題意識の醸成　本時で学習する部分を確認する。

「変なところはどこかな？」「最初にとれたのは、54mmだよ」

第４段落から第７段落の一部を抜粋したセンテンスカードを提示する。本時の学習に関わる部分の言葉を置き換えておき、間違いを指摘させることで、その部分への意識付けを図りつつ、説明内容の確認を行う。

2　「Which型課題」の設定　仲間外れのカードはどれかについて話し合うことを通して、文末表現に着目させる。

「えっ、はずれ？」「一枚だけはずれのカードが一枚あります。どれでしょうか？」「違いは何だろう…」

５枚のセンテンスカードはくじになっていて、裏返して赤が出ると当たりだが、一枚だけ裏側が青色のはずれがあると伝える。どれがはずれなのかをペアで話し合わせた上で、「くじを引いてみたい人？」と挙手を促し、くじ引きをさせる。「D」のカードがはずれであることが分かった後、「D」の内容と他のカードの内容の違いについて話し合う中で、文末表現に着目させる。

「Which型課題」の授業展開　83

ヤドカリと イソギンチャク

（東京書籍　4年）

3次
「○○と○○」という題名で助け合う生き物たちの様子について、事例を用いて書くことができる。

本時のねらい

「ヤドカリ」よりも「イソギンチャク」の方が、相手を助けているという意見をもとに、「題名を『イソギンチャクとヤドカリ』に変えても良いのでは？」と問いかけることで、事例の順序や事例の関係に気づかせる。

一般的な学習課題　本文では、どんな事例が、どのような順序で書かれているだろう？

本時の「Which型課題」　ヤドカリとイソギンチャク、より助けているのはどちら？

（板書）
- ！
- ・・・事例の順番がおもに書かれていること
- ☆題名は、本文の内容（事例のじゅん番）と関わっている。
- 題名と内容が合わなくなってしまうのはヤドカリの事例のじゅん番が変わってしまう

---

4 学習のまとめ　題名が事例の順序や事例の関係と関わって付けられていることを確認する。

- 題名と内容が関わっているんだ
- 題名も、事例の順序や関係と結び付いているんだね
- 事例との関わりを考えることが大事なんだね

展開③でのやり取りを踏まえて、事例の順序や、事例の関係に結び付けながら題名をとらえることの大切さを確認する。また、「本文は、題名の順番に合わせて詳しく説明されているよね」と補足説明して、「具体と抽象」の関係もおさえておく。

3 考えのゆさぶり　事例の順序と事例の関係に気づかせる。

- 題名は「イソギンチャクとヤドカリ」でも良いのでは？
- 「中」の事例の順番が変わってしまうよ！

展開②で「イソギンチャク」を選んでいる児童の発言を強調し、「題名を書き換えても良いのでは？」と問いかけることで、事例の順序や事例の関係に着目させる。

2次 本時 6／8時	1次
題名を変えても良いかを考えることで、事例の順序や関係に気づくことができる。	初めて知ったことや面白く感じたことを交流する中で、本文への関心をもつことができる。

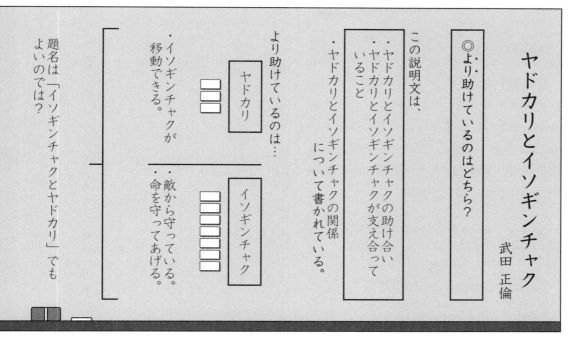

2 「Which型課題」の設定 どちらが、より相手を助けているかを考える中で、「イソギンチャク」に着目させる。

1 問題意識の醸成 一言でまとめる活動で、両者の関係に焦点化する。

　どちらがより相手を助けているかを考える中で、「イソギンチャク」が重要な役割を担っていることに気づかせる。イソギンチャクが大切な役目を負っていることを確認した上で、「ヤドカリも助けているけど、イソギンチャクもすごく大切な働きをしているよね。」と説明し、イソギンチャクの重要性を強調する。

　「〇〇と〇〇が（の）〜こと」という定型文を出し、そこに当てはめて考えるように促す。ヤドカリとイソギンチャクが助け合って生きていることを確認し、「終わり」で筆者が述べていることを確認する。

「Which型課題」の授業展開

なまえつけてよ
（光村図書　5年）

3次
3日間から1日を選んで日記を書き、春花の視点からその日の出来事を再構成することができる。

本時のねらい

春花が子馬に名前を付けられなかったことがマイナス要因になっていることを確認し、名前を付ける展開にした方が良かったのではないかと問う。その中で、勇太と春花の心情や関係性が大きく変化した要因が何だったのかに気づかせる。

一般的な学習課題　春花と勇太の関係が変わったのは、なぜだろう？

⬇

本時の「Which型課題」　この物語を10段階のハッピーエンドレベルで表すと、いくつだろう？

「春花が名前をつけられなかった」
↓
春花と勇太の関係が変わったきっかけ

☆物語には、人物どうしの関わりが大きく変化するポイントがある。

4 学習のまとめ　人物同士の関わりが大きく変わった所が、物語の大事なポイントになることを確認する。

3 考えのゆさぶり　春花と勇太の関係が変化したきっかけに着目する。

「名前を付けられなかった」という出来事が、春花と勇太の関係を変化させる要因になっており、それが、「心情変化のきっかけ」にも結び付いていることもおさえる。複数の登場人物が出てきた時には、その関係が変化する「きっかけ」があることを理解させ、大切な読みの視点となることを確認する。

「春花が子馬に名前を付ける」という話に書き換えた方が良いことを提案する中で、「名前を付けられなかった」という事実が、二人の関係を変化させる「きっかけ」となっていることに気づかせる。

2次 本時 3／4時	←	1次
人物同士の関わりの変化が、何を要因に、どこで起こったのかをとらえることができる。	←	物語の印象を話し合う中で、作品の設定や登場人物の関係性をつかむことができる。

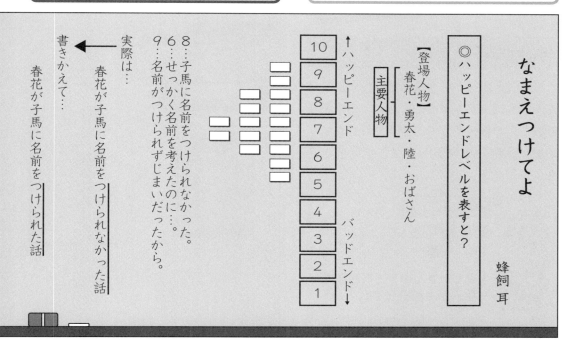

板書：

なまえつけてよ　蜂飼耳

◎ハッピーエンドレベルを表すと？

【登場人物】
春花・勇太・陸・おばさん
主要人物

ハッピーエンド↑
10／9／8／7／6／5／4／3／2／1
↓バッドエンド

8…子馬に名前をつけられなかった。
6…せっかく名前を考えたのに…。
9…名前がつけられずじまいだったから。

実際は…
春花が子馬に名前をつけられなかった話

書きかえて…
春花が子馬に名前をつけられた話

---

1 問題意識の醸成　登場人物や人物同士の関係性を確認する。

（先生）どんな登場人物がいたかな？
（生徒）「春花」と「勇太」と「陸」と…

登場人物や人物同士の関係性を確認し、物語の中で起こった出来事や、場面の展開、設定、人物同士の関わりや、関係性の変化を確認しておく。

2「Which型課題」の設定　ハッピーエンドレベルで表す活動を通して、何がマイナス要因だったかを考えさせる。

（先生）10段階のハッピーエンドレベルで表すとすれば、いくつにする？
（生徒）子馬に名前が付けられなかったから、8
（生徒）せっかく名前を考えたのにダメだったから、6！

ハッピーエンドレベルを選んで意見を交流する際、10にしなかった理由が何だったのかを明らかにする。完全なハッピーエンドになり切らなかったマイナス要因を考えさせて、「春花が子馬に名前を付けられず、落ち込んでいた」ことが、その原因になっていることを確認する。

「Which型課題」の授業展開　87

大造じいさんとガン

（光村図書　5年）

3次
「大造じいさんはなぜ銃をおろしたのか」について、再度考えを書き、交流する。

本時のねらい

やる気と自信という観点から、大造じいさんの心情を読み取るとともに、心情を読み取る際の根拠として、会話文や行動描写の他に、情景描写があることを理解させる。

一般的な学習課題
第2場面の大造じいさんは、どんな気持ちですか？

↓

本時の「Which型課題」
大造じいさんのやる気と自信が一番わかる部分はどれ？

☆行動、会話だけでなく、情景描写からも分かる。

3場面
東の空が真っ赤に燃えて、朝が来た。

⑥「今年こそは、目にもの見せてくれるぞ。」
・自信のありそうな言葉
・絶対にとる！
・相当やる気

⑦猟銃をぐっとにぎりしめた大造じいさんは、ほおがびりびりするほど引きしまった。
・自信
・やる気・強気
・今年はとれる！

「しめたぞ-もう少しのしんぼうだ。あの群れの中に、一発ぶち込んで、……」

---

4 学習のまとめ 別の景色を仮定して考えることを通して、景色に心情が投影されていることを確認する。

たしかに「あかつきの光が…」の方が合っている！

景色には気持ちが表れているかも！

登場人物の心情を投影した景色の表現を「情景描写」といいます

⑤のカードを「ただの景色の表現だから、いらないよ」と言っていた児童は展開3のように景色を仮定して提示すると、たちまち「……何かおかしい」と変容するだろう。大造じいさんの気持ちと景色の表現が合っている必要があることへの気付きを促した上で、心情を投影した景色の表現である「情景描写」について確認する。時間があれば、前後の場面の「情景描写」を探したい。

3 考えのゆさぶり 情景描写のカードに着目させる。

⑤のカードはいらない？だったら、「空一面、曇り空が…」でもいいよね？

それだと、なんか合わないような…

センテンスカードの中で、児童があまり選ばないと思われるのが、⑤の「あかつきの光が…」である。そこで、「このカードは選んだ人がいないから、いらないね」と伝え、代わりに「空一面、曇り空が広がっていました」という景色を仮定して提示する。

2次 本時 4／7時	1次
行動描写や情景描写などをもとに、中心人物の心情の変化を読むことができる。	「大造じいさんはなぜ銃をおろしたのか」について自分の考えを書いて交流する。

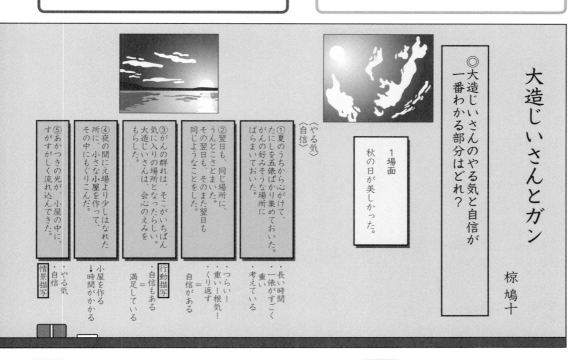

2 「Which型課題」の設定	1 問題意識の醸成
第2場面のセンテンスカードの中で、やる気と自信が読み取れる部分について話し合う。	第1場面の大造じいさんの様子を振り返る。

展開1での児童の反論を受けて、「第2場面のセンテンスカードの中で、一番やる気と自信が読み取れるのはどれか」について話し合う。考えをノートに書く前に、やる気ポーズと自信ポーズをしながら音読（考える音読）をする「やる気と自信読み」を行う。交流では、少数意見から、根拠や理由を発言させる。一通り発言させたところで、児童が根拠に挙げた部分から、「会話文」と「行動描写」を整理して板書する。

第1場面の狩りでは、ガンを一羽獲ることはできたものの、狩りを職業としている大造じいさんにとっては、上手くいったとは言えなかったことを確認する。その上で、「大造じいさん、やる気と自信を失っているよね…」と投げかけ、児童に反論させる。

「Which型課題」の授業展開　　89

注文の多い料理店

（東京書籍　5年）

本時のねらい

前時までに、ファンタジーという文種に着目して物語を3つに分けること、構成に着目すると4つに分けられることを確認している。本時は、「時間」に着目して物語を2つに分ける活動を通して、物語の「しくみ」から主題をとらえさせる。

一般的な学習課題：この物語の主題は何だろう？

↓

本時の「Which型課題」：「時間」で2つに分けるとしたら？

3次
物語の面白さを解説文をまとめ、設定や構成、主題についての自分の考えを書くことができる。

物語から受け取ることができるメッセージ（主題）は…
・命を大切にしない人間のおろかさ
・動物や自然を大切にするべき

☆物語の「しくみ」から、主題をとらえることができる。

---

4 学習のまとめ　物語のしくみを通して考えたことをもとに、主題を検討する。

- 命を大切にしない、人間のおろかさかな
- 最後の一文があると、どんなメッセージが強調されるかな？
- 動物や自然を大切にすべきだということこと

「最後に『しかし、～』の一文を入れたのが、この物語の大切なポイントだね。」と話し、最後の一文が重要な役割を担っていることを確認する。その上で、展開③で考えたことをもとに、「最後の一文があることでどんなメッセージが強調されるか」を考える中で、作品の主題をとらえさせる。

3 考えのゆさぶり　最後の一文が意味しているものを考えさせる。

- 最後の一文は、なくても良さそうだね
- それがないと、物語の面白さが伝わらない

「後日の話だから、なくても良のでは？」とゆさぶりをかけることで、最後の一文に着目させ、「紙くずのようになった二人の顔」が元に戻らなかったのは、なぜかを話し合う。

2次 本時 6／7時	1次
物語の「しくみ」をとらえて、作品の主題を考えることができる。	物語の面白さがどこにあるかを交流する中で、作品に対する関心をもつことができる。

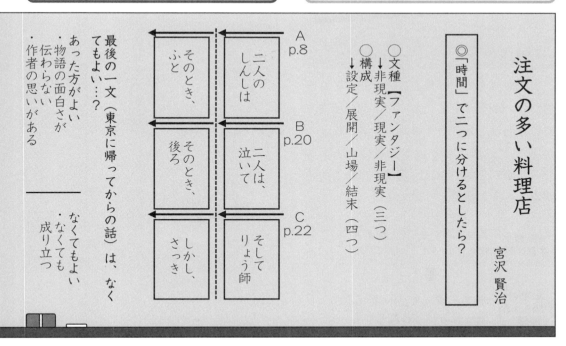

2「Which型課題」の設定 どこで分けられるかを考えることで、事件当日と後日の境界線を確認する。

1 問題意識の醸成 前時までに、何に着目して物語を分けたか振り返る。

　これまでと同様に、「時間」という視点を与えて、どこで分けられるかを確認する。抵抗なく考え、意見が拡散するように三つの選択肢を与える。Cを取り上げ、最後の一文がその後の話になっていることをおさえ、時間軸で考えると、物語を事件の「当日／後日」で分けられることを確認する。

　前時までで、ファンタジーという「文種」に着目すると「現実／非現実／現実」の３つに分けられ、「構成」に着目すると「設定／展開／山場／結末」の４つに分けられることを学習している。展開①では、それを確認する。

「Which型課題」の授業展開　　91

見立てる

（光村図書　5年）

3次

筆者の主張が書いてある位置を意識しながら「生き物は円柱形」を読むことができる。

本時のねらい

本文を読んで「一番心に残ったこと」が何だったかを考えることで、事例の面白さに目を向けさせる。その後、筆者が伝えたかったことが、「中」に書かれている事例だったのかと問いかけ、構成から筆者の主張をとらえられるようにする。

一般的な学習課題：この文章を通して、筆者が伝えたかったことは何だろう？

↓

本時の「Which型課題」：本文を読んで、一番心に残ったのはどこだろう？

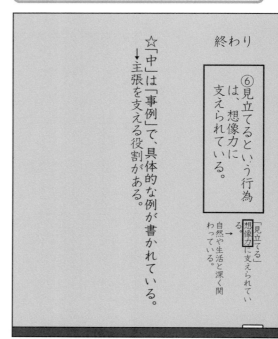

4 学習のまとめ　「中」が事例であることを確認し、事例が筆者の主張を支える関係にあることを確認する。

3 考えのゆさぶり　構成に着目しながら、筆者の主張をつかませる。

展開③で確認したことをもとに、「中」が事例であることをおさえ、具体的な例を出して、「初め」と「終わり」の内容を支える役割を果たしていることを確認する。また、筆者の主張が「終わり」のみに表れている場合には、「尾括型」になることも合わせて確認しておく。

展開②での児童の反応をもとにして、ゆさぶり発問を投げかける。筆者が言いたかったことが、「初め」と「終わり」に書かれていることを確認した上で、双括型の説明文になっていることをおさえる。

2次 本時 2／2時	1次
「双括型」という文章構成を理解し、筆者の主張をとらえることができる。	本文の内容を把握し、「初め・中・終わり」の構成をつかむことができる。

板書例

見立てる　野口廣

◎一番心に残ったのはどこ？

初め
① わたしたちは、知らず知らずのうちに、「見立てる」という行為をしている。

「見立てる」あるものを別のものとして見るということ→「想像力」が働く！

双括型　中…「事例」

② あや取りを例に考えてみよう。

③ この場合、同じ形に対してちいきによってちがうことがある。

④ 日本でよく知られている写真Aの形は、ちいきごとにちがう名前をもっている。
「ちょうちょ」「いちご」見方が地方で見立てもちがう

⑤ あや取りは、世界各地で行われている。
世界各地で見立てるものもちがう

2 「Which型課題」の設定

一番印象に残っている所を考える中で、「中」に書かれている事例部分に目を向けさせる。

先生：本文を読んで、一番心に残ったのはどこだろう？

生徒：④段落です。地域で変わるのが面白い！

生徒：⑤段落です。世界でも違うのに驚いた

「本文を読んで一番心に残ったのはどこか」を考える中で、事例の内容に目を向けさせる。展開①で、挿絵を使って本文の内容を振り返る活動を行なっているので、ほとんどの場合、心に残ったのは、第④段落か第⑤段落の内容になることが予想される。

1 問題意識の醸成

挿絵ABを提示し、何に見立てていたかを振り返る。

先生：挿絵Aは、どんなものに見立てられていたかな？

生徒：確か「あみ」とか「ざる」だった！

挿絵として使われているAとBの二枚を提示し、何に見立てられていたのかをクイズ形式で振り返ることで、地域や世界によって見立てるものに違いがあることを確認し、その面白さを強調しておく。

「Which型課題」の授業展開　93

天気を予想する

（光村図書　5年）

本時のねらい

Which型発問を通して、図表やグラフが本文と対応して用いられていることを確認した後、「積乱雲」の写真を第⑤段落に入れるべきではないかと問うことで、本文を批評的に読み、筆者の意図をとらえられるようにする。

一般的な学習課題　図表や資料の出し方には、筆者のどのような考えがあったのだろう？

↓

本時の「Which型課題」　本文に出す図表やグラフを3つに絞るとすれば、どれを選ぶ？

3次

筆者の思いや意図を踏まえ、「説明のしかたの工夫」をテーマに批評文を書くことができる。

【第⑤段落】
- 文章と対応させるとすれば、⑤段落に入れるべき。

「積乱雲」の写真

【第⑩段落】
- 自分で空を見ることの大切さを言っているから

☆資料は「意図」に応じて効果的に使うことも大切。

---

4 学習のまとめ　第⑩段落に挿入されている意味を考える中で、筆者の思いや意図をとらえさせる。

3 考えのゆさぶり　筆者の思いや意図を考えさせる。

（吹き出し）
- 天気に関する知識としてもって欲しかったからだよ
- なぜ筆者は、第⑩段落で「積乱雲」の写真を出したのでしょう？
- 「自分で」ということを伝えたかったんだ
- 本文と対応させるために、「積乱雲」は、第⑤段落に移動させた方が良いね
- そうすると、筆者が伝えたかったことが…

他の資料が、本文の内容と対応させながら掲載されていることを踏まえた上で、「どうして第⑩段落なのだろう？」と問いかけ、「積乱雲」の写真が第⑩段落に挿入された意味を考える。第⑩段落で述べられている筆者の主張や、その背後にある思いを受け止めながら「積乱雲」を最後に入れた意味をとらえられるようにする。

展開②で確認したことをもとに、「だとしたら…」と、ゆさぶり発問を投げかける。本文と対応させて出すとすれば、「積乱雲」の写真が、第⑩段落ではなく、第⑤段落に出るべきであることを確認する。

2次 本時 5／6時	1次
資料の用い方を確認した上で、筆者の意図をとらえることができる。 ←	初めて知った天気予報に関する知識を交流する活動を通して、本文への関心をもつことができる。

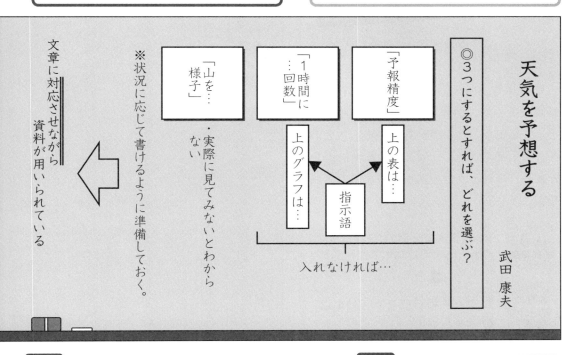

2 「Which型課題」の設定 資料を3つに限定するよう促すことで、本文と対応させて考えられるようにする。	**1** 問題意識の醸成 図表やグラフを順番に確認し、内容を振り返る。

第①段落で「上の表は」、第⑤段落で「上のグラフは」という指示語が出てくるため、「予報精度の表」と「回数のグラフ」の2つの資料は、選ばざるを得ない。さらに、文章を補足説明するためにもう一つの資料を選ぶ中で、本文に書かれている叙述と対応させながら資料を用いることの大切さを確認する。

児童とやり取りしながら、本文で紹介されている順番に図表やグラフを黒板に並べていく。その際、どの段落と対応しているかも合わせて確認し、展開②につながる布石を打っておく。

「Which型課題」の授業展開

想像力のスイッチを入れよう

（光村図書　5年）

本時のねらい

16段落の主張を確認し、本文の内容が、事例も含めて「情報を受け取る側の努力」として必要なことが書かれていることをおさえる。その上で、15段落の書き換えを提案し、事例と意見の関係について考えさせる。

一般的な学習課題　どんな事例が紹介され、筆者は、何を伝えたかったのだろう？

↓

本時の「Which型課題」　筆者が一番伝えたかったのは、何段落だろう？

3次　四つのスイッチから一つを選び、経験と結び付けながら説明文を書くことができる。

> 下村さん！　～を～すると良いですよ！
> ・結論にメディアの努力を書き加えた方が良いですよ！
> ・事例の中に、メディアの努力を入れた方が良いですよ！
> ☆本論で書かれている事例と意見（筆者の主張）のつながりを考える。

4 学習のまとめ　どのような工夫を施せばよいかを考えることで、事例と意見の整合性に着目させる。

- 「結論」を書き換えた方がいいと思う
- メディアの努力についての説明も必要だと思う
- どんな工夫をすれば、15段落をこのまま生かすことができるかな？

展開③で確認した内容を踏まえて、どのような工夫をすれば15段落を生かすことができるかを話し合う。そこで話し合った内容を踏まえて、「下村さん！～を～すると良いですよ！」という定型文に当てはめながら、筆者に対する自分のアイディアをまとめさせる。

3 考えのゆさぶり　筆者の説明の仕方に着目させ、妥当性を検討する。

- 15段落は、こう書き換えた方が良さそうだね
- 確かに、メディアの努力は書かれていないな……

事例もまとめも「メディアの努力」について触れられていないことを確認し、15段落の最後の一文を「そんな思いこみを防ぐために、情報を受け取るあなたの側に努力が必要なのである」と書き換えたものを提示する。

2次 本時 5／6時		1次
事例の内容を確認し、事例と意見の関係について、自分の考えをもつことができる。	←	時事問題を取り上げて、どのスイッチが働くか考えることで、本文への関心をもつことができる。

想像力のスイッチを入れよう
下村健一

◎筆者が一番伝えたかったのは？

事例…サッカーチームの次の監督

メディアが伝えた情報について、冷静に見直すこと ← 大切

想像力を働かせながら、一つ一つの言葉について、『事実かな、印象かな。』と考えてみること

メディアが伝えたことについて冷静に見直すだけでなく、伝えていないことについても想像力を働かせること

十五段落を書きかえた方が…

十五段落「あなたの努力」

メディアは、わざと…。そんな思いこみを防ぐために、情報を受け取るあなたの側に努力が必要なのである。

---

2 「Which型課題」の設定	**1** 問題意識の醸成
「筆者が一番伝えたかった段落はどれか」を問い、読み手に対する主張を読み取る。	事例を通して筆者の主張を確認する。

　紹介されている事例を確認した上で、『「サッカーチームの次の監督」の話を通して、筆者が大切だと述べていることは、何だろう？」と問いかけて、筆者が大切だと説いている３つの主張をおさえる。

　「16段落で筆者が伝えたかったことを詳しく説明している事例は？」と投げかけて、展開①で確認した「サッカーチームの次の監督」の事例が、16段落の主張とつながっていることを確認する。情報を受け取る側の「努力」について書かれていることを踏まえて、事例と意見が結び付いていることをおさえる。

「Which型課題」の授業展開　97

カレーライス

（光村図書　6年）

本時のねらい

「ひろし」の人物像について話し合うことを通して、登場人物によって「ひろし」への見方が違うことに気が付かせるとともに、「中辛」という言葉の象徴的な意味を解釈させる。

一般的な学習課題：「お父さん」は、「ひろし」のことをどう思っていますか？

本時の「Which型課題」：「ひろし」は、子ども？大人？

3次
1年後のぼくになりきって、「ぴりっとからくて、でも、ほんのりあまかった」の象徴性を解説する。

まとめ
→立場によってとらえ方が違う
ひろしのことを、まだまだ子どもだと思っていたお父さんだったが…
※続きをノートに書きましょう。
☆「中辛」は「大人」を表す　象徴表現（しょうちょう）

4 学習のまとめ　お父さんのひろしへの見方の変化と、象徴的な表現についてまとめる。

ひろしのことを、子ども扱いしていたお父さんだったが、ひろしが「中辛」のカレーを食べているのを知ったことがきっかけとなり、ひろしへの見方は変化する。直接的に「子ども扱いしないで」とは言わなくても、お父さんにその思いが伝わっているのは、本作品中では「中辛」という言葉が、「大人」を象徴しているからだろう。お父さんのひろしへの見方の変化とともに、象徴的な表現についてもまとめる。

3 考えのゆさぶり　ひろしのセリフを仮定して考える。

「もしも、『もう子どもじゃないんだから…』というセリフがあれば、お父さんに気持ちが直接伝わるのにね！」と、ひろしのセリフを仮定してゆさぶる。児童から、「直接言わなくても、『中辛』で、十分伝わっていると思う」という意見を引き出したい。

98　第3章

2次 本時 3／5時	1次
中心人物の心情の変化や、人物相互の関係、表現の象徴性について考える。	自分自身の経験も振り返りながら、特に共感できたところとその理由について交流する。

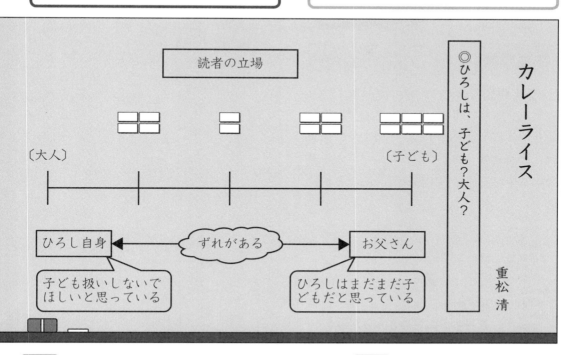

2 〔Which型課題〕の設定	1 問題意識の醸成
5段階のスケーリングで表すことを通して、ひろしの人物像について話し合う。	読者の立場から、ひろしの人物像を交流する。

　会話文や行動描写を根拠に、「ひろしの人物像」について話し合う。その際、5段階のスケーリングを用いて、各自の立場を表現させるようにする。また、読者としてだけでなく、「お父さんはひろしのことをどう思っているか？」「ひろし自身は？」と考えるようにすることで、「ひろしを子ども扱いするお父さん」と、「子ども扱いされたくないと思っているひろし」という、すれ違いの構図を読み取らせる。

　ひろしと似たような経験をしたことがある児童がたくさんいるだろう。自分の経験も重ね合わせつつ、ひろしに対して、読者としてどのように感じるかを交流する。「子どもっぽい」と思うか否かという軸で話し合い、展開2へ方向付ける。

「Which型課題」の授業展開

やまなし

（光村図書　6年）

> 3次
>
> 批評文を書く活動を通して、対比的な表現や主題についての自分の考えをまとめることができる。

本時のねらい

「強く印象に残ったのは、五月と十二月のどちらか」を問い、五月を選んでいる児童もいることを確認する。その上で、題名は「かわせみ」にしても良いかどうかを議論する中で、作品の主題を考えることができる。

一般的な学習課題　「やまなし」の主題は何だろう？

本時の「Which型課題」　強く印象に残ったのは、五月と十二月のどちらだろう？

（板書）
- 作品のテーマは…？
  - 自然の厳しさと豊かさ
  - 生き物の生と死
  - 弱肉強食の世界
  - 生きることの明と暗
  - 強く生きることの大切さ
- ☆作品を読んで、人それぞれテーマのとらえ方がちがう。
  → 主題

4 学習のまとめ　題名の意味を通して考えたことをもとに、主題を検討する。

- 自然の「厳しさ」と「豊かさ」かな？
- この作品のテーマは何だろう？
- 生き物の「生」と「死」を表していると思う

題名が「やまなし」であることの意味を考える活動を踏まえて、主題を検討する。展開③では、「作者」の視点から題名の意味を考える活動を行ったが、展開④では、「読者」の視点で主題を捉えさせる。また、作品のテーマが「主題」という言葉に置き換えられることを補足説明することも必要。

3 考えのゆさぶり　題名が象徴するものを考え、主題を検討する。

- 題名は「かわせみ」でも良いのではないかな？
- 宮沢賢治は、「やまなし」に意味を込めたはず

展開②で五月を選んでいる児童がいることを踏まえて「五月が印象に残っている人もいるということは、題名は、『かわせみ』でも良いのでは？」と問いかけ、題名が「やまなし」であることの意味について考えさせる。

2次 本時 6／8時	1次
題名が象徴しているものを考え、自分なりに主題をとらえることができる。	面白いと思ったことや分からないと感じたことを共有し、作品に対する関心をもつことができる。

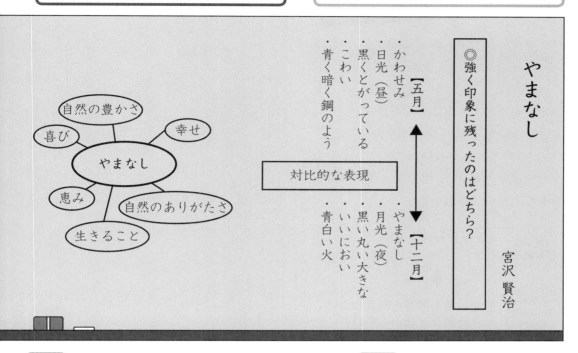

2 「Which型課題」の設定 「どちらが強く印象に残ったか」を問い、感じたことを交流する。

1 問題意識の醸成 対比的な表現を出し、五月と十二月を確認する。

　展開①で対比的な表現を振り返り、五月と十二月、それぞれの幻灯に対する印象を確認した上で、「どちらが強く印象に残ったのか」を問いかける。十二月を選ぶ児童もいれば、五月を選ぶ児童もいる。それぞれの理由を確認し、それぞれの感じ方にどのような違いがあるのかを交流する。

　前時では、五月と十二月の幻灯の間に「対比的な表現」があることを学習している。本時の導入では、その対比的な表現を振り返り、五月と十二月の幻灯それぞれに、どんなイメージをもったかを確認する。

「Which型課題」の授業展開　101

海の命

（光村図書　6年）

3次
太一の生き方に、誰がどのような影響を与えているかについて、人物相関図にまとめる。

まとめ　それぞれの人物に役割がある

太一に最も影響を与えた言葉は、（　　）の言葉だと思います。
理由は…

本時のねらい

「影響を与えた言葉」の話し合いは、実は「誰がどのような影響を与えているか」の話し合いである。「父」、「与吉じいさ」、「母」のそれぞれの人物が「太一」に与えた影響を考える中で、各登場人物には役割があることに気付かせる。

一般的な学習課題
太一が「巨大なクエ」にもりを打たなかったのは、なぜでしょうか。

↓

本時の「Which型課題」
太一に最も影響を与えたのは、どの言葉だと思いますか?

4 学習のまとめ
それぞれの人物が、太一のどんな側面に影響を与えていたかを整理する。

- 一人の男としての太一に影響した
- 父と与吉じいさは、漁師としての太一に影響し、母は…?
- 息子としての生き方かな

3 考えのゆさぶり
「母」からの影響に、話し合いを焦点化する。

- 漁師ではない「母」の言葉には影響を受けていないよね?
- いや、そんなことはないと思う

最終場面に目を向けることで、漁師ではない「母」も、太一の生き方に影響を与えている存在と言えるかもしれないということに気付かせたい。最も影響を与えた言葉がどれなのかについては、読者それぞれの解釈によって異なることを確認する。その上で、どの人物も、太一の漁師としての考え方、家族の一員としての考え方などの太一の生き方のある側面に影響を与えているということを共有したい。

「漁師ではない母からは、あまり影響を受けていないよね」と、「母」の言葉を黒板からはがして、ゆさぶる。「母」を選択した児童に発言を促す前に、「母を選んだ友達の考えを想像してみよう」と、ペアで話し合わせる。

2次 本時 4／6時	1次
太一の心情や行動、生き方に対して、他の登場人物が与えた影響を考える。	作品の中で、最も印象に残った一文を選び、選んだ理由も合わせて交流する。

海の命

立松 和平

◎太一に最も影響を与えた言葉は、どれ？

父「海のめぐみだからなあ。」
・父を尊敬していたからこそ、漁師になった。
・魚が獲れるのは海のめぐみ。海とともに生きていかなければならないと学んだ。

与吉じいさ「千びきに一ぴきでいいんだ。」
・むやみやたらに魚を獲らない姿勢を教わった。
・海で生きるためには、海の命を大切にしなければならないということを感じた。

☆父・与吉じいさの言葉
→漁師としての太一の生き方に影響

母「おまえが、おとうの死んだ瀬にもぐると、いつ言いだすかと思うと、私はおそろしくて夜もねむれないよ。」
・母を大切にし、家族と一緒に幸せに暮らす生き方を選んだのは母の言葉のおかげかも。

☆母の言葉
→息子として、一人の男としての太一の生き方に影響

2 「Which型課題」の設定	1 問題意識の醸成
「太一に最も影響を与えたのは、どの言葉か」を問い、解釈を交流する。	各登場人物の印象的な一言を提示する。

　提示した言葉の中で、太一に最も影響を与えたと思うものを選ばせ、ノートに理由も合わせて記入をさせる。意見交流の前に、まずはどの言葉を選んだかを挙手させて人数を板書する。通常であれば少数意見から発言を促すが、本時では、「父」、及び「与吉じいさ」を選んだ児童に先に意見を発表させる。「母」を選択した児童がいた場合、展開3のゆさぶり発問後に発言させるようにする。

　第1次で「最も印象に残っている一文」について話し合ったことにも触れながら、「父」、「与吉じいさ」、「母」の印象的な言葉を一つずつ提示する。

「Which型課題」の授業展開　103

笑うから楽しい

（光村図書　6年）

> **3次**
> 事例とまとめの関係を意識しながら「時計の時間と心の時間」を読むことができる。

本時のねらい

前時では、筆者の主張の大体を把握した後で、「はじめ・中・終わり」の三段構成を確認する。それを踏まえ、本時では、「はじめ」と「終わり」に書かれている筆者の主張に説得力をもたせるために「事例」が存在していることを気づかせる。

一般的な学習課題：筆者はどんな例を出して、何を伝えたかったのだろう？

↓

本時の「Which型課題」：「はじめ・中・終わり」で、筆者が一番伝えたかったのは、どこだろう？

終わり

④私たちの体と心は、それぞれ別々のものではなく、深く関わり合っています。

→「はじめ」と同じようなことが書かれている。

「私たちの体と心は、深く関わりあっている。」

☆「中」は「事例」が書かれていて、筆者の伝えたいことを支える役割がある。

---

4 学習のまとめ　本文の中で「中」の部分が事例としての重要な役割をもっていることを確認する。

子どもから出てくる発言をもとにしながら、「中」の部分に書かれている内容が、筆者の主張の根拠になっていることを確認し、「中」が「事例」であることをおさえる。本時の学習を通して、ただ単に主張を述べるだけではなく、それを下支えする根拠として事実も必要であることを確認し、「事例とまとめ」の関係を意識させる。

3 考えのゆさぶり　主張を補足するために事例があることに気付かせる。

視覚的にも理解しやすいように、黒板に掲示してある「中」のカードを剥がしながら、発問を投げかける。「初め」と「終わり」だけでも意味が通じることを確認すると同時に、文章が短くスッキリすることを強調する。

2次 本時 2／2時		1次
事例が、筆者の主張を下支えしていることを理解することができる。	←	本文の内容を把握し、「はじめ・中・終わり」の構成をつかむことができる。

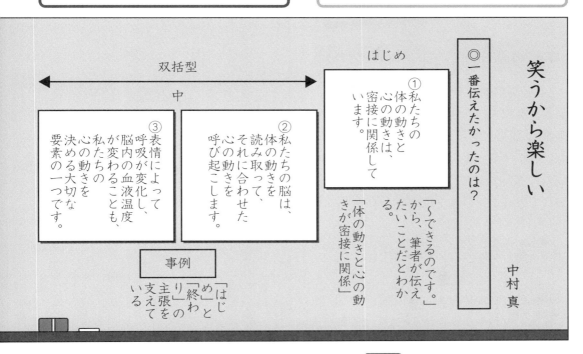

| 2 「Which型課題」の設定 | 一番伝えたかった所を考える中で、筆者の主張を把握し、双括型の文章であることを掴む。 | 1 問題意識の醸成 | 段落を並び換えて、本文の内容を振り返る。 |

　本文の中で筆者が一番伝えたかったことが書かれているのは、「はじめ・中・終わり」のどの部分かを考える中で、筆者の主張を確認する。児童の中には、「はじめ」を選択する児童もいれば、「終わり」を選択する児童もいることが予想される。そこで、筆者が伝えたかったことが、「はじめ」と「終わり」に書かれていることを確認し、本文が「双括型」で書かれた文章であることをおさえる。

　段落ごとバラバラに切り分けた4つのカードを用意し、並び換える活動を行う中で、「はじめ・中・終わり」の構成を確認し、どのような内容が書かれていたのかを振り返る。グループで活動させるなどして、話し合いながら進められるようにする。

「Which型課題」の授業展開　　**105**

時計の時間と心の時間

（光村図書　6年）

本時のねらい

「どの実験が一番分かりやすかったか」を考える中で、3つ目の実験に焦点を絞った後、「順序を変えたほうが良いのでは？」と投げかける。そこで、第⑥段落の説明の仕方に着目させて、「具体と抽象」で説明されていることに気づかせる。

一般的な学習課題　筆者の説明のしかたには、どのような工夫があるでしょう？

↓

本時の「Which型課題」　どの実験が一番わかりやすかったでしょう？

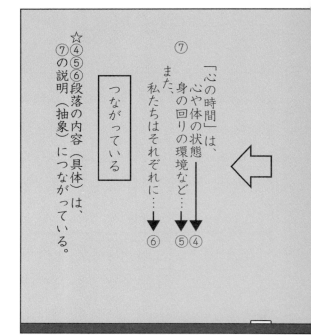

3次　「あるある経験」を事例として説明文を書く活動の中で、具体と抽象を用いることができる。

4 学習のまとめ　説明文が、「具体と抽象」で展開していることを確認し、説明の工夫に気づかせる。

3 考えのゆさぶり　第⑦段落の説明に矛盾が生じることを確認する。

「実験の順序を変えてしまうと、第⑦段落の最初に説明されている内容とズレてしまいますね」と話し、第⑦段落の冒頭部分で抽象的に説明されていることが、実験の順序と対応していることを確認した後、説明文が「具体と抽象」で成り立っていることをおさえる。

読み手にとって理解しやすいように、分かりやすい実験から紹介することが大切なのではないかと問う中で、第⑦段落の冒頭部分の説明に着目させる。⑦段落の説明が、実験の順序に対応しながら書いてあることを確認し、「具体と抽象」の関係をおさえる。

2次 本時 4／5時	1次
具体と抽象の関係を理解し、筆者の説明の工夫をとらえることができる。	本文を読んで、納得できた所を交流する中で、文章内容の大体をつかむことができる。

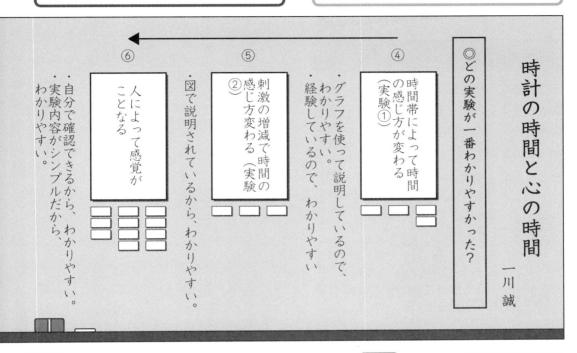

2 「Which型課題」の設定	1 問題意識の醸成
「どの実験が一番分かりやすかったか」と問うことで、実験の内容を再度確認する。	実験の内容を振り返りながら、事例を確認する。

「どの実験が一番わかりやすかったか」を問うことによって、3つの実験の内容を比較検討する場をつくる。実験①と実験②には、グラフや図表が示されているが、「わかりやすさ」という点で言えば、多くの児童が、実験③を選ぶことが予想される。

本文の中で出てくる実験が3つあったことを確認し、それぞれの内容を振り返る。実験①と②が、グラフや図表と合わせながら読んでもわかりにくかったという印象を引き出す。

「Which型課題」の授業展開   107

『鳥獣戯画』を読む

（光村図書　6年）

本時のねらい

結論部における筆者の説明の工夫を読み取るとともに、筆者の主張とそれを支える根拠について解釈させる。その上で、「人類の宝」という表現の妥当性について、自分なりの考えを書かせ、評価させる。

一般的な学習課題：終わりには、何が書かれていますか？

↓

本時の「Which型課題」：終わりの説明の工夫点は？（何文目が工夫されていると思いますか？）

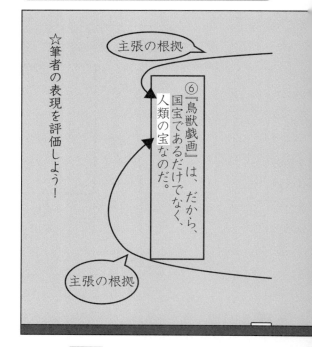

3次
学習を振り返り、絵を解説する手法についてまとめ、次単元の「この絵、私はこう見る」に生かす。

☆筆者の表現を評価しよう！

⑥『鳥獣戯画』は、だから、国宝であるだけでなく、人類の宝なのだ。

主張の根拠／主張の根拠

4 学習のまとめ
筆者の立場で考えることを通して、主張とそれを支える根拠について整理する。

3 考えのゆさぶり
「人類の宝」という表現に着目させる。

「国宝であるだけでなく、人類の宝なのだ」と表現した筆者には筆者なりの考えがある。筆者の立場から話し合う中で、4文目の「世界を見渡しても…」や、5文目の「幾多の…」や「大切に保存」という部分が、筆者の「人類の宝」という主張を支えているということを整理する。その筆者の考えを解釈した上で、最後に、読者の立場から「人類の宝」という表現の適切性を評価させ、意見を書かせるようにする。

結論部における「人類の宝」という表現に着目させ、その表現が妥当なものかどうかを問う。ただ、この時点で「妥当ではない」、「過剰な表現だ」と考える児童にも、「筆者はどのような理由から『人類の宝』と表現したか」と、まず筆者の立場から考えさせる。

2次 本時 4／7時	1次
筆者の文章表現上の工夫に気付き、主張とそれを支える根拠等について考える。	『鳥獣戯画』を見て感じたことや、文章を読んで考えたことについて話し合う。

『鳥獣戯画』を読む　高畑 勲

◎終わりの説明のいいところは？

① 十二世紀という大昔に、まるで漫画やアニメのような、こんなに楽しく、とびきりモダンな絵巻物が生み出されたとは、なんとすてきでおどろくべきことだろう。

② しかも、筆で描かれた一つ一つの絵が、実にのびのびとしている。

③ 描いた人はきっと、何物にもとらわれない、自由な心をもっていたに違いない。 ← 描いた人のことを絵から想像している

④ 世界を見渡しても、そのころの絵で、これほど自由闊達なものはどこにも見つかっていない。

⑤ 祖先たちは、幾多の変転や火のたびに救い出し、そのせいで一部が失われたり破れたりしたにせよ、この絵巻物を大切に保存し、私たちに伝えてくれた。

― 世界にも、他にはない！

「はじめ」や「中」とつながっている

四字熟語

祖先が守り伝えてくれた！

---

1 問題意識の醸成 センテンスカードで、「終わり」の内容を確認する。

2 「Which型課題」の設定 「終わり」のセンテンスカードの中で、筆者の工夫が感じられるものを選ぶ。

前時までに、「はじめ」、「中」と順に、「説明のいいところ」を見つけながら読み進めてきている。まずは本時で扱う「終わり」について、センテンスカードで内容を確認する。重要語句を置き換えたり、消したりすることで意識付けすることもポイントである。

第9段落の1文目から6文目の中で、いいと思った部分について話し合うことを通して、「終わり」の説明の工夫点を整理する。意見交流の前には、特にいいと思った一文とその理由をノートに書かせておくようにする。

「Which型課題」の授業展開　　**109**

第4章

読むことの授業過程における 二つの「ゆさぶり発問」

——「広げる」ゆさぶり発問と
「深める」ゆさぶり発問——

読むことの授業過程における二つの「ゆさぶり発問」
──「広げる」ゆさぶり発問と「深める」ゆさぶり発問──

奈良学園大学　正木　友則

はじめに──ゆさぶり発問の新しい可能性

　国語科における「発問」の役割の一つは、無意識的な言語活動を「意識的な言語活動」に転化させることにある。この転化は、大槻和夫（2010）が示すように国語科の役割において重要である[*1]（なお、引用下線部は稿者による。以下についても、同様である）。

　　　　私は、国語科の役割は、子どもたちの無意識的な言語活動を意識的な言語活動にいったん転化させ、メタ認知させたうえで再度無意識的な言語活動に戻していくことにあるのではないかと考えている。

　とりわけ、この「転化」を担う発問の中核となるのが「ゆさぶり発問」である。「ゆさぶり発問」は、学習者の「読み・解釈」や「認識・思考」にゆさぶりをかけることで学習指導を「深める」ための方法であり、代表的なものとして、斎藤喜博による「否定発問」をあげることができる。この「否定発問」は、教室で或る方向に意見が傾いたり、硬直しかけたりした時、授業者が「そうではないと思う」とあえて否定することにより、学習者が異なる見方や考え方に気づくように促すのである。つまり、学習者が「確かだ」「正しい」と思い込んでいたこと（意識すらしなかったこと）やこれまでの見方や考え方が、「ゆさぶり発問」で「否定」されることを通して、より高次の認識や思考を実現しようとするものである。

　近年では、授業者が学習者の「読み・解釈」や「認識・思考」を「否定」する「ゆさぶり発問」ではなく、従来の「ゆさぶり発問」の「ゆさぶり性」ないし「否定性」を踏まえた、新たな「ゆさぶり発問」の型を用いた実践が見出されるようになってきた[*2]。

　なお、本書第1章では、学習者の選択場面を設定する「Which 型課題」を中心に、学習者にとって「考えやすく、取り組みやすい課題」の提示から「考えを深めるためのゆさぶり発問」および「まとめ」へと至る授業展開が提唱された。

　そこで本稿では、上述の「ゆさぶり発問」の現代的展開を踏まえた上で、「Which 型課題」の授業過程の意義を明らかにする。この鍵となるのが、読むことの授業過程における二つの「ゆさぶり発問」─その一つは、本書が提案する「Which 型課題」に通ずる「『広げる』ゆさぶり発問」であり、いま一つは、授業の「ねらい」や教科の本質といった学習

指導内容に「指さし」するための「『深める』ゆさぶり発問」である。

1 「広げる」ゆさぶり発問と「深める」ゆさぶり発問

　歴史的に「ゆさぶり発問」には、前述の斎藤喜博のように、学習者の読みや考えに対し、授業者が「そうではない」と「否定」する類型や、坂本泰造の実践のように、選択肢を設けることで「対立・分化を生む」類型が存在する。こうした歴史を踏まえつつ、近年、報告されている実践には、「ゆさぶり発問」の現代的展開として、次の二つの類型を位置づけることができる。一つは、坂本の「対立・分化を生む」類型を発展させたものであり、いま一つは、授業者による「提案」に対して、学習者に「先生の提案は、…だからよくないと思う」と「学習者による否定」を促す方法である[3]。

　前者は、選択肢を設定し、「対立・分化を生む」、つまり、学習者同士で、自分と異なる他者の考えを共有し、読みや思考の視野を広げることから、「『広げる』ゆさぶり」といえる。後者は、「対立・分化を解決する」つまり、読みや思考の深化を図ることから、「『深める』ゆさぶり」と表現できる。この二つが新たなタイプの「ゆさぶり発問」である。

　本来的に「ゆさぶり発問」は、正しい答えの存在を前提とする「確認発問」と区別されるものである。「ゆさぶり発問」の役割は、「正しい答や結果がでるか、でないかではなくて、答を生みだすために、どれだけ意味のある思考活動や表現活動がなされたかどうか」[4]に重点が置かれる。この「意味のある思考活動」を生みだすために、まさに、学習者の読みや思考に対して「『ゆさぶり』をかける」と喩えられるのである。

　「ゆさぶり」をかけることによって、学習者の読みや思考に「対立・分化」が生まれる。この「対立・分化」は一般的には「ズレ」と呼ばれるものであり、授業を活性化させるための鍵となる。「対立」とは、いわば、「A or B（or C…）」といったような読みや考えを、授業者と他の学習者による交流の場に出すことであり、「分化」とは、「A」だと思っていたものが、もしかしたら「BやC」も考えられるという可能性を交流の場に出すことである。これら「対立」と「分化」をあわせて「ズレ」と呼ばれるのである。この「ズレ（対立・分化）」に関して重要なことは、次の三点である。

（1）「自分の考え」と「ズレの生成」―広げる「ゆさぶり発問」

　一つ目は、学習者が交流の場において「自分の考え」として表現することである。ここで出される「自分の考え」は、学習者によって異なるため、自然と「ズレ」が生じる。この「ズレ」を生むための「ゆさぶり発問」が、「広げる『ゆさぶり発問』」である。「ズレ」においては、どの考えでも不正解ではないことが重要である。「ズレ」が生じた後に、授業者によって、その考えが「正解か、不正解か」と選別されてしまうと、結果として学習

読むことの授業過程における二つの「ゆさぶり発問」――「広げる」ゆさぶり発問と「深める」ゆさぶり発問―― **113**

者は「思考すること」ではなく、「正答を出すこと」に注力してしまうからである。「ズレ」が生じることによって、授業では「理由づけや根拠を明確にすること」と「ズレを最終的に『解決』すること」が求められる。

(2) 意見の交流と「ズレの共有・整理」

　二つ目は、交流を通じた「ズレの共有・整理」である。読みや考えに「ズレ」が生まれると、そこには、学習者同士が意見を交流する必然性が生まれることになる。「『広げる』ゆさぶり発問」をきっかけにして、学習者それぞれの「自分の考え」が表現され、交流によって共有される。こうして生まれた「ズレ」は、どこかで解決されなくてはならない。解決されなければ、学習者が「自分の考え」を表現し、学習者同士で共有するだけで、授業が終わってしまうからである。つまり、「自分の考え」の表現と共有に留まるだけでは、学習指導や、学習者の読みや考えを「深める」ことに至らないのである。授業者は、「深める」段階を見据えながら、板書でズレを可視化しながら整理することが求められる。

　「『広げる』ゆさぶり発問」は、事例列挙型の説明文教材を例にすれば、「どの事例が一番すごいと思いましたか」という発問をあげることができる。ある事例（A・B・Cという選択肢）の中から、「自分にとって一番すごい」と感覚的・情意的に考えたものを選択することで、学習者の考えには「ズレ（対立・分化）」が生まれる。この「ズレ（対立・分化）」を共有・明確化し、授業が展開されるため、「『広げる』ゆさぶり発問」は、授業過程の序盤で用いられる。

(3)「ズレの解決」と「ねらい」への指さし─「深める」ゆさぶり発問

　そこで必要となるのが、三つ目の「ズレの解決」である。「『広げる』ゆさぶり発問」によって生まれた「ズレ（対立・分化）」を、次は「『深める』ゆさぶり発問」によって解決することである。「『深める』ゆさぶり発問」は、学習者に獲得させたい学習指導内容（ねらい）へと「指さし」する目的をもつ。この「指さし」は、「ねらい」をもった授業者がさらに「ゆさぶり」をかけることによって、高次の読みや思考への転換、新たな学習指導内容の獲得が図られる。

　「『深める』ゆさぶり発問」の例として、「この段落はなくても意味は通じるよね。だったら必要ないんじゃない？」をあげることができる。この目的は、或る段落が「必要である／必要でない」という考えの「対立・分化を生む」ことではなく、「必要である／必要でない」という議論を超えて「或る段落と他の段落との関係や、論理展開がつながっていること」を学習者に気づかせ、その効果（よさ）や価値の認識に導くことにある。

　こうした段落相互の関係や論理展開といった効果（よさ）や価値の認識に導くことは、学習者の言語活動の状態が「無意識的な言語活動（読み）」のままでは不可能である。説

明的文章の読みにおいて、学習者（読み手）の意識の大半は「何が書かれているか（教材の情報・内容）に向けられるためである。つまり、「『深める』ゆさぶり発問」の目的は、「ズレ（対立・分化を）解決」して、より高次の読みや思考へと学習者を導くことにある[*5]。

「授業のヤマ場」に着目した授業過程

(1) 授業のドラマ性

　二つの「ゆさぶり発問」は、授業過程にどのように位置づけられるのであろうか。ここでは、吉本均の教授学におけるドラマとしての授業論（「授業のヤマ場」）を援用しながら、授業過程モデルと二つの「ゆさぶり発問」との関わりについて示したい。

　深澤広明は、授業過程に「ドラマ的なるもの」が内在すると指摘し、そのドラマ性を以下の五点に整理した[*6]。

(1) 相手（子ども）の感動や驚きや行為を呼びおこさなくては成立しないという点で授業はドラマ的である。
(2) 行為的存在としての人間（子ども）は、身体性を獲得することで、ロゴスとパトスをそなえた学習の主体として立ち現れるという点で授業はドラマ的である。
(3) 働きかける行為と応答する行為との相互作用（インター・アクション）の基本型としての対話において進行するという点で授業はドラマ的である。
(4) 対立・矛盾が原動力となって対話・問答の過程が展開されるという点で授業はドラマ的である。
(5) 授業は、平板な流れとしてではなく、ヤマ場をもつことによって子どもたちの認識の質的転換をつくりだすという点でドラマ的である。

　こうした授業を根源的に支える「ドラマ性」と授業過程とを接続する鍵概念が「授業のヤマ場」である。ヤマ場は、「ドラマの場面と同様に、一つの頂点をいうだけではなくて、それに向かって知的緊張がしだいに激化し、白熱し、問題の発見や解決へ達していく過程ないし場面を含めてとらえ」るものとされる[*7]。吉本は、演劇論におけるアクション（働きかけ）と授業過程との接点を以下のように見出す[*8]。

1	導入部	2	攻撃（アタック）	3	発展	4	クライマックス	5	解決
6	エンディング								

つまり、「4　クライマックス」を頂点とし、「1　導入部」の後に、その頂点に向かう（「2　攻撃」「3　発展」）過程、そして、クライマックスから「5　解決」「6　エンディング」という過程の三つに分けることができる。こうした過程は上記の「ドラマ性」に支えられる。ここで、「感動・驚きや行為の呼び起こし」や「身体性の獲得」「対立や矛盾を原動力とした問答・対話」「ヤマ場における学習者の認識の質的転換」を要件とすることがわかる。

　これまで検討したこと基にしながら、読むことの授業過程における「ゆさぶり発問」を次の図のように示す。

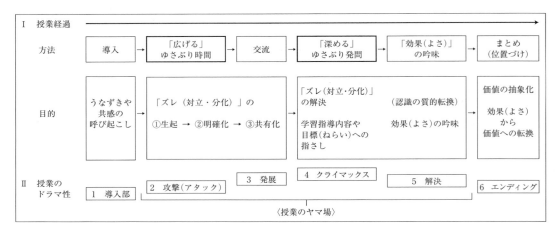

図　読むことの授業過程モデル

　上図は、「Ⅰ　授業過程（「方法」と「目的」）」と「Ⅱ　授業におけるドラマ性」から構造化される。このうち、図1のうち、最上部の右向き矢印で示される過程（流れ）と二つの「ゆさぶり発問」の位置づけを明らかにした。以下、読むことの授業過程における二つの「ゆさぶり発問」に焦点を当て、説明する。

（2）導入部から授業のヤマ場に向けて

　授業の「1　導入部」から「2　攻撃（アタック）」においては、学習者にとって取り組む意欲を喚起させ、また、取り組む意義が見出せるものである必要がある。授業者は、身体性をもった「他者の呼びかけ」によって、学習者の「うなずき」や「共感」を引き起こすことが求められる。「2　攻撃（アタック）」から「ヤマ場」への過程のあり方について、吉本は次のように記述する[*9]。

　　　観客の注意力と興味と心とを同時につかむ攻撃が大事なのである。われわれの授業

においても、子どもたちの注意力や興味をつかむ攻撃によって、ヤマ場に追い込むこと、そして、まさにその攻撃は観客＝子どもの「意表に出たものが効果的」なのである。意表をつく攻撃とは、子どもたちのなかの考え方の対立・分化を明確化し、教師が一つの立場に立ってゆさぶり、問いかけることである。

　「2　攻撃（アタック）」では、「『広げる』ゆさぶり発問」によって、学習者の読みや思考が形成される。これらの読みや思考は、交流の場に共有されることで、そこに見られる「ズレ（対立・分化）の明確化および共有化」が図られる。「『広げる』ゆさぶり発問」によって、学習者の意表を突く形で「ズレ（対立・分化）」が生まれるため、学習者が混乱しないように、授業者は、板書や掲示物を工夫し、可視的に「明確化・共有化」を行う必要がある。
　「2　攻撃（アタック）」から「3　発展」にかけて、授業者や学習者、学習者同士の対話・交流によって、読みや思考、その根拠、理由づけが共有されることになる。しかし、このままでは「対立・分化」は解決されず、授業者の目標（ねらい）を達成することにはならない。つまり、学習者にとって「無意識的な言語活動」のままであり、言語活動そのものを「意識化」して、「よさの吟味」をすることで得られる学習指導内容（教科の本質）に迫る必要がある。
　「2　攻撃（アタック）→3　発展」を経て、「4　クライマックス」を頂点とする「ヤマ場」へと至る過程は次のように説明する[10]。

　（…略：稿者…）解釈の分かれをどのように対話させ論争させていくか、そしてその過程を組織していくことによって他人との外的対話を自己内対話（追認識）へと転化、発展させ、より高い認識の層への質的発展を共有させていくことができるか、それが授業の「ヤマ場」（クライマックス）における指導なのである。（…略：稿者…）このプロセス（ヤマ場における学習者同士の対話・交流：稿者補）は、子どもたちが真に「わかる」ことへいたる道なのだといってよい。「わかる」ということは、必然性の法則的認識を獲得することである。A＝Aの必然性を認識することである。しかしA＝Aの必然性が認識できるためには、AはBではない、AはCでもないという他の可能性の否定を媒介としなくてはならないのである。A＝Aの必然性の認識＝「わかる」ことの成立のためにはB、Cの否定的媒介が必要不可欠なのである。

　鍵となるのが、「より高い認識の層への質的発展」を促す「「深める」ゆさぶり発問」である。これは先述の「2　攻撃（アタック）」部における「『広げる』ゆさぶり発問」とは目的や方法が異なる。「4　クライマックス」に向かう過程では、授業者の「目標（ねら

い）」や教材研究によって得られた、学習指導内容としての価値へと「指さし」するための「『深める』ゆさぶり発問」が位置づけられる。

(3) 授業のヤマ場から「エンディング（まとめ）」に向けて

授業のヤマ場の頂点にある「4　クライマックス」から「5　解決」にかけては、学習者は「効果（よさ）の吟味」を行い、授業者による「価値づけ」によって「まとめ」となる。

例えば、前述の説明的文章教材の例でいうと、ある段落相互の関係や論理展開といった必然性について考えることは、「文章とは偶発的（ランダム）にこのような段落構成や論理展開になっている」わけではなく、「筆者が『相手に伝えたい、わかってほしい』という目的や相手意識をもち、修辞（レトリック）を用いながら文章を工夫した」こと、すなわち、「筆者は、この方が『よい』と判断したことで目の前の文章ができている」ということに、学習者が気づくために、「効果（よさ）」の吟味が行われる。

具体的には、**学習者が、筆者による文章の展開が読者（学習者）にとってどのような「効果（よさ）」があるのかを吟味することである。**そこで吟味する上で、問題にあげられることが、説明的文章領域でいえば、比較や問い・答え、事例のあげ方、論理展開や筆者の主張を支える論証といった、教材の特性に応じた学習指導内容である。

つまり、授業者が教えたい内容に向けて「指さし」することによって、学習者が吟味する「効果（よさ）」が、学習者の言語活動（読むこと）の中で、他の教材にも適用できる学習指導内容という「価値」へと転換されるのである。一連の授業過程において学習者が考えてきたことや「効果（よさ）の吟味」は、学習者の「目の前の教材」や「いま、ここ」で考えたことである。授業者による「価値づけ」は、「目の前の教材」で「いま、ここ」でしか使うことのできない知識（内容）を超えて、「これから・他の教材」でも使うことのできる価値へと広げることである。

そのために、授業者は「まとめ」の段階（「5　解決→6　エンディング」）において、授業で学習者が「意識的な言語活動」のメタ認知（「効果（よさ）」の吟味）を行った内容について、「筆者は、読者にわかりやすいように、事例の順序を工夫している」といったように「価値の抽象化」を行うのである。

具体的に、説明的文章教材「すがたをかえる大豆」（光村図書、3年）を例にすると、大豆を加工した食品の事例が、「炒り豆→煮豆→きな粉→豆腐→納豆→味噌→醤油→枝豆→もやし」という順序であげられている。こうした「順序性」を教材の特性として捉え、「筆者は事例の順序を工夫している」ことの学習を授業の「目標（ねらい）」に置いたとする。

この時、学習者が「筆者は事例の順序を工夫している」と「わかる（学習する）」ため

には、少なくとも「①教材に取り上げられている事例が、偶発的（ランダム）に配列されているわけではない」こと、「②事例の順序に見られる『効果（よさ）』を吟味し、実感する」こと、そして、「③事例の順序に見られる筆者の工夫は、目の前の教材にのみ該当するものではなく、他の教材にも適用可能であると実感する」ことが鍵となる。**授業の最終盤で、授業で行ったことの板書に留まっているだけでは、「まとめ」にはならない。授業の「目標（ねらい）」に沿った形で、学習者に獲得させたい内容を明確にすることが重要である。**

おわりに

　これまで、二つの「ゆさぶり発問」が、読むことの授業過程においてどのように用いられるのかについての理論的な考え方を示した。本書の第1章や第3章における、具体的な実践提案と本稿における理論的なモデルが、相互に関わり合いながら、授業実践の新たな展開に資することを期待し、また、新たな授業実践によって、本稿の授業過程モデルをさらに更新することでよりよい実践と理論の往還が実現できることを願い、稿を閉じる。

【注】
[*1]　大槻和夫（2010）「国語科教科内容の『系統性』確定上の問題点と今後の方向」科学的読みの授業研究会［編］『国語科教科内容の系統性はなぜ100年間解明できなかったのか』学文社、p.159
[*2]　正木友則（2018）では、佐藤俊幸による「千年の釘にいどむ」実践と髙橋達哉による「こまを楽しむ」の授業提案を、授業者の「提案」に対して「学習者の否定」を促す「「深める」ゆさぶり発問」の例として考察した。
[*3]　「ゆさぶり発問」は「『広げる』ゆさぶり」や「『深める』ゆさぶり」に共通して、学習者の思考を「限定」し、「比較」させた上で、比較した一方の選択肢の「否定」を促す機能（「限定・比較・否定」）をもつ（正木友則；2017）。
[*4]　吉本均（2006）［著］久田敏彦・深澤広明［編］『学級の教育力を生かす吉本均著作選集3　学習集団の指導技術』明治図書出版 p.48
[*5]　また、「ゆさぶり発問」は目的と用いる場面に応じて、「A 主要発問」と「B 授業内における即時的応答（切り返し）」に分けられる。
　　まず、前者の「A 主要発問」は、授業過程の「2 攻撃→3 展開」において、学習者の「読み」や「認識・思考」にゆさぶりをかけることで、「A-①：ズレ（対立・分化）を生む」目的と、授業のヤマ場（「4 クライマックス」）において「A-②：ズレ（対立・分化）を解決する」目的がある。
　　一方の「B 授業内における即時的応答（切り返し）」は、学習者の実際の発言や読みと、授業者が予測し、求める到達点とのギャップを埋める「B-①：理解の補足」を図る場合と、学習者の発言や読みを整理、あるいは活性化するように「B-②：交流の方向づけ」を図る場合が考えられる。「B 授業内における即時的応答」は、一般的に「切り返し」と呼ばれることからわかるように、学習者による発言の流れの中で、先の「A 主要発問」としての「ゆさぶり発問」を補足する目的で用いられるものである。

読むことの授業過程における二つの「ゆさぶり発問」──「広げる」ゆさぶり発問と「深める」ゆさぶり発問──　**119**

*6　深澤広明（1982）「授業モデルとしてのドラマ」日本教育方法学会［編］『教育方法学研究　第8巻』pp.38-40

*7　吉本均（2006）［著］子安潤・権藤誠剛［編］『学級の教育力を生かす吉本均著作選集4　授業の演出と指導案づくり』明治図書出版 p.152

*8　前掲書 pp.151-152

*9　前掲書 p.23

*10　前掲書 pp.90-91

【文献】

大槻和夫（2010）「国語科教科内容の『系統性』確定上の問題点と今後の方向」科学的読みの授業研究会［編］『国語科教科内容の系統性はなぜ100年間解明できなかったのか』学文社 pp.157-164

深澤広明（1982）「授業モデルとしてのドラマ」日本教育方法学会［編］『教育方法学研究　第8巻』pp.35-43

正木友則（2017）「国語科・教授＝学習過程における『ゆさぶり発問』の検討──説明的文章の学習指導における展開を見据えて──」全国大学国語教育学会［編］『国語科教育　第82集』pp.33-41

正木友則（2018）「説明的文章の学習指導におけるゆさぶり発問──集団思考の深化・拡充を図る現代的展開──」日本授業UD学会編集委員会［編］『授業UD研究　第5号』pp.16-19

吉本均（2006）［著］阿部好策・小野擴男［編］『学級の教育力を生かす吉本均著作選集2　集団思考と学力形成』明治図書出版

吉本均（2006）［著］久田敏彦・深澤広明［編］『学級の教育力を生かす吉本均著作選集3　学習集団の指導技術』明治図書出版

吉本均（2006）［著］子安潤・権藤誠剛［編］『学級の教育力を生かす吉本均著作選集4　授業の演出と指導案づくり』明治図書出版

吉本均（2006）［著］白石陽一・湯浅恭正［編］『学級の教育力を生かす吉本均著作選集5　現代教授学の課題と授業研究』明治図書出版

おわりに

　本書は、現在の国語教育実践における「発問（学習課題）」と「まとめ」のあり方について、新たな提案を試みるものです。「Which 型課題」の授業という新たな切り口から、楽しく・力のつく授業展開についての具体と理論をあわせて、「誰でも、分かりやすく」提案することを目指しました。

　具体的に示そうと考えたのは、発問（学習課題）とまとめに焦点を当てた上で、その考え方と具体的な実践です。発問（学習課題）は、「Which 型課題」の授業展開や、理論部で論じた「ゆさぶり発問」が鍵となります。これらの提案の原型となっているのは、長崎伸仁先生（元創価大学大学院教授、前国語教育探究の会代表）が示された「判断の仕掛け」のバリエーション（類型）です。

　「判断の仕掛け」は、学習者に判断を促すための仕掛けを込めた発問のことを指します。例えば、「登場人物の気持ちはどうか」と直接子どもに問うのではなく、選択肢から選ばせたり、比較したり、ランキングや度合いを考えさせたり、といった、子どもが判断することを起点にした思考を促すことで、理解や解釈を深めていくことを意図しています。

　長崎先生は、「『判断の仕掛け』の取り組みは、これから、面白くなっていく。これからが面白いんや」とおっしゃっていました。「判断の仕掛け」のバリエーションは、あくまでも、仮のものであり、これから、付加・修正されるだけでなく、具体的な授業論（発問論や教材研究論を含めて）への展開を見据えたものでありました。

　長崎先生は授業づくりの核は教材研究の質にあるとされ、常々おっしゃられていました。

　「教材の声を聴くんや。ええか。教材に耳を澄ますと、だんだん、教材が『こういうふうに扱ってくれ！こういう発問を投げかけてくれ！』という声が聴こえてくる。そうしたら、授業での子どもたちの生き生きした声がして、楽しそうな表情が見えてくるんや」

　教材は自ら音声を発することはありませんが、「声を聴くんや」という長崎先生の「声」によって、必死に耳をそばだてると、様々に教材の「声らしきもの」が聴こえてくるようになります。そして、その「声らしきもの」は、「あれ、どういうことだろう？」「ここが分かりにくい！」「ここを子どもたちに問うてみたい！」といった「教材の特性」に気づき、授業を考えていくことができるようになるのです。

「教材の特性」をとらえることは、説明的文章の授業ならば、段落や文章構成、要点・要旨といった学習、文学的文章の授業ならば、心情を「どんな気持ちでしたか？」と直接問う学習に見られる、指導事項の型にはまった画一化・硬直化した授業を克服し、教材の良さは良さなりに、欠点は欠点なりに、すべて授業における子どもたちの学びに生かすために必要とされます。

　つまり、「教材の声を聴く」という比喩は、ひとつは、教材の特性（良さや欠点）を、子どもたちにとって「楽しく・力のつく（本質に迫る）授業」へと展開するためのポイントといえます。難しい用語を使わず、教職を志す大学生にも楽しく分かるように、でも、ポイントは外さず、本質に迫るように「教材の声を聴く」とおっしゃられていたのです。

　長崎先生がこれまでに書かれたご論考や授業論のキーポイントは、「教材の声を聴く」という上述の喩えから分かるように、「誰でも、分かりやすく」そして「楽しく・力のつく（本質に迫る）」ということです。とりわけ、「誰でも」という表現の解釈が重要です。「授業を受ける子どもたちにとって」は大前提としながら、教師を志す大学生にとっても、若い教師やベテランの教師にとっても、「誰でも、分かりやすく」ということが考えられています。

　それに対して、「判断の仕掛け」は、「誰もが、同じように」や「こうすれば、こうなる」という方法論とは異なるものです。重要なのは、「誰でも」の部分に「誰」が該当するのかという解釈です。

　「国語の授業が面白い！学ぶ手応えがある！」と子どもたちが言える授業をつくるためには、まずもって、教師が「面白い！手応えがある！」と思える教材研究が必要になります。大学生にも、若い教師にもベテランの教師にも、まずは、「面白い！　手応えがある！」と思えて、「教材の声を聴く」ようになるためのあらゆる視点が必要です。

　このあらゆる視点の一つの類型が「判断の仕掛け」のバリエーションと言えます。そして、このバリエーションは、ただ単に、教材研究の視点や、授業で行う発問としてだけでなく、子どもたちの頭や心に浮かぶ「学習課題」としても、充分に分かりやすく、実現できること、さらには、教師の発問が子どもたちの「問い」に転化されることを見据えたものといえます。「誰でも、分かりやすく、楽しく・力のつく」という宛名は、子どもたちから教師まですべて視野に入られていたと捉えることが妥当であるといえます。

　本書で行ってきた提案は、長崎先生の上述のお考えを執筆陣なりに継承し、理論化・実践してきたものです。その出発点は、長崎先生が山口大学にいらっしゃった時代に薫陶を受けた筑波大学附属小学校の桂聖氏が、私たち長崎先生の門下生に向けた「長崎先生の一周忌に向けて、実践に提案する新しいものを、皆で書かない？」という言葉でした。

おわりに　**123**

それから１年、同門の先輩と、東京時代に薫陶を受けた若い教員や研究者とで、１つの本を創り上げる営みに参加させていただきました。「これから」の具体的な授業実践や理論とは、私たちの足跡そのもので示していきたいとの思いで、執筆・編集のやりとりを進めてきました。その意味で、日本の教育を変えようとおっしゃっていた長崎先生の追悼の意、そして実際に国語教育を変革するための提案、両方を込めた１冊になったと感じています。

　長崎先生が、私たちに語ってくださった「必ず、日本の教育を変えよう！」という志の「声」を胸に、子どもたちのために、子どもたちのために奮闘する先生方のお役に立てるように、日々、精進したいと思っています。そのためにも、読者の皆様の忌憚なきご意見・ご批正をいただきたいと思います。

正木　友則

おわりに　追補：本書誕生のエピソード

　前創価大学教授の長崎伸仁先生は、澄み渡る青空が広がった 2017 年 10 月 1 日、ご逝去されました。本書は、正木友則氏の「あとがき」にあるように、ご生前に長崎伸仁先生にご指導をいただいた有志 6 名で書き上げたものです。

　実を言うと、本書は、ご生前、病床の長崎先生を励ますために企画したものでした。

　「長崎先生、お元気になられたら、若手の先生と一緒に、ぜひ本を書きましょう！」

　「先生が『学習課題』を研究してこられたので、『めあてとまとめ』の本はどうでしょう？」

　「先生には筑波小で飛び込み授業をしていただいて、それをもとに私たちで座談会をしましょう！」

　私たちのこんな拙い話を、温かいまなざしで、柔らかな笑みを浮かべて聞いてくださった長崎先生のお顔は、今でも心に焼き付いています。

　亡くなられる 3 週間前、長崎先生は、手術のため、声が出ない状態になっていました。いつものように、一生懸命話しかける私に対して、筆談用のノートに次の言葉を書いてくださいました。

　「若手もがんばってるからね」

　「引っぱってあげて」

　「私も、回復するまでがんばるからね」

　病室を出る前、握手をしてお別れしました。温もりのある大きな手でした。その後もお見舞いに伺いましたが、意識がはっきりした状態で長崎先生とお話できたのは、これが最後になりました。

　残念ながら、私たちの願いは叶うことなく、長崎先生は帰らぬ方になってしまいました。何よりも、先生自身が無念だったにちがいありません。この本の企画も、そもそもは長崎先生を励ますことを目的にしていたので、一度、白紙に戻っていました。

　しかし、私たちは、やはり、長崎先生の「必ず、日本の教育を変える！」というご遺志を引き継ぐことにしました。先生にはご参画いただけませんでしたが、先生のお考えを継承・発展させて、「『Which 型課題』の国語授業」という新しい提案をすることができたと自負しています。

　N5 国語授業力研究会の「N5」とは、「長崎ファイブ」という意味です。髙橋達哉、三浦剛、沼田拓弥、土居正博、正木友則の 5 名のことです。先生にご指導いただいた 30 〜

32歳の若手です。明治維新では、当時、若手だった伊藤博文らの「長州ファイブ」が活躍しました。この「長崎ファイブ」も、必ずや、国語科の「教育維新」を果たすと確信しています。

また、「N5」には、「NEW×5」という意味も込めています。「これまでの国語授業を、5倍以上新しくする」という意味です。今後も、この若手5名は、斬新で新しい提案を次々とし続けていきます。ぜひ楽しみにしていてください。

長崎伸仁先生は、明治維新の志士を育てた「吉田松陰先生」のような方でした。長崎先生の塾生は、私たち以外にも日本に数え切れないほどいます。塾生たちは、草莽崛起*の精神で、長崎先生のご遺志「必ず、日本の教育を変える！」を引き継ぎ、挑戦し続けていきます。

最後になりましたが、長崎先生の生前から、この企画の実現に向けて、真摯に励まし支え続けてくださった東洋館出版社の大竹裕章さんに心よりお礼申し上げます。

2018年10月1日　青空が澄み渡る一周忌の日に

桂　聖

* 「草莽崛起（そうもうくっき）」とは、志を持った民衆が一斉に立ち上がり、大きな物事を成し遂げようとすることを意味する語。江戸時代末期に、吉田松陰が民衆主体の改革を臨んで唱えた思想として知られる。

【編著者】

桂　聖（かつら・さとし）

筑波大学附属小学校教諭。山口県公立小学校、山口大学教育学部附属山口小学校、広島大学附属小学校、東京学芸大学附属小金井小学校教諭を経て現職。筑波大学講師兼任。日本授業UD学会理事長、全国国語授業研究会理事、光村図書国語教科書編集委員、教師の"知恵".net事務局等を務める。著書・編著に『国語授業のユニバーサルデザイン』『授業のユニバーサルデザイン入門』『教材に「しかけ」をつくる国語授業10の方法』（文学／説明文）『文学の教材研究コーチング　長崎伸仁×桂聖』（以上、東洋館出版社）、『なぞらずにうまくなる　子どものひらがな練習帳』『なぞらずにうまくなる　子どものカタカナ練習帳』（以上、実務教育出版）、『国語授業UDのつくり方・見方』（学事出版）、ほか多数。

【執筆】

桂　聖　前出
担当……第1章（授業者）・第2章

N5国語授業力研究会

髙橋達哉（たかはし・たつや）

山梨大学教育学部附属小学校教諭。1986年生まれ。創価大学大学院教職研究科教職専攻修了後、山梨県公立小学校教諭を経て、現職。全国国語授業研究会監事、山梨・国語教育探究の会代表、日本授業UD学会山梨支部支部長。著書に『「読むこと」の授業が10倍面白くなる！　国語教師のための読解ツール10＆24の指導アイデア』（明治図書出版）等がある。

担当……第3章
「こまを楽しむ」（3年）、「すがたをかえる大豆」（3年）、「ありの行列」（3年）、「動いて、考えて、また動く」（4年）、「ウナギのなぞを追って」（4年）、「カレーライス」（6年）、「海の命」（6年）、「『鳥獣戯画』を読む」（6年）

三浦　剛（みうら・つよし）

東京都町田市立鶴間小学校教諭。1986年生まれ。創価大学大学院教職研究科教職専攻修了後、八王子市立加住小中学校を経て現職。全国国語授業研究会監事。著書に『「読むこと」の授業が10倍面白くなる！　国語教師のための読解ツール10&24の指導アイデア』（明治図書出版）、論文に「アクティブ・ラーニングを支える今月の学習課題と授業づくり」（『教育科学　国語教育』平成29年4月号〜平成30年3月号連載）などがある。

担当……第3章
「ヤドカリとイソギンチャク」（4年）、「なまえつけてよ」（5年）、「大造じいさんとガン」（5年）、「注文の多い料理店」（5年）、「見立てる」（5年）、「天気を予想する」（5年）、「想像力のスイッチを入れよう」（5年）、「やまなし」（6年）、「笑うから楽しい」（6年）、「時計の時間と心の時間」（6年）

沼田拓弥（ぬまた・たくや）

東京都世田谷区立玉川小学校教諭。1986年生まれ。創価大学大学院教職研究科教職専攻修了、八王子市立七国小学校勤務を経て現職。全国国語授業研究会監事、東京・国語教育探究の会事務局長、国語教育創の会事務局。共著に『物語の「脇役」から迫る　全員が考えたくなる　しかける発問36』（東洋館出版社）など、主な論文に「『Dialog-WRITING』が学習者に与える効果」（『国語教育探究 第29号』）がある。

担当……第3章
「スイミー」（2年）、「お手紙」（2年）、「スーホの白い馬」（2年）、「たんぽぽのちえ」（2年）、「どうぶつ園のじゅうい」（2年）、「おにごっこ」（2年）、「白いぼうし」（4年）、「一つの花」（4年）、「ごんぎつね」（4年）

土居正博（どい・まさひろ）

神奈川県川崎市立富士見台小学校教諭。1988年生まれ。創価大学大学院教職研究科教職専攻修了後、現職。全国国語授業研究会監事。国語教育探究の会会員。
『教師のチカラ』准編集委員。教育サークル「KYOSO's」代表。著書に『1年生担任のための国語科指導法』、『初任者でも

バリバリ活躍したい教師のための心得』(共に明治図書出版)がある。

　担当……第3章

「おおきなかぶ」(1年)、「くじらぐも」(1年)、「たぬきの糸車」(1年)、「くちばし」(1年)、「じどう車くらべ」(1年)、「どうぶつの赤ちゃん」(1年)、「ちいちゃんのかげおくり」(3年)、「三年とうげ」(3年)、「モチモチの木」(3年)

正木友則 (まさき・とものり)

奈良学園大学人間教育学部講師。1986年愛知県生まれ。創価大学教育学部児童教育学科卒業、創価大学大学院文学研究科博士後期課程満期退学、広島大学大学院教育学研究科博士課程後期在学。環太平洋大学助教、帝京平成大学助教を経て現職。名古屋・国語教育探究の会　代表。共著に『アクティブ・ラーニングで授業を変える！「判断のしかけ」を取り入れた小学校国語科の学習課題48』(明治図書出版)、『物語の「脇役」から迫る　全員が考えたくなる　しかける発問36』(東洋館出版社)など、主な論文に「国語科・教授＝学習過程における『ゆさぶり発問』の検討(『国語科教育　第82集』)などがある。

　担当……第4章

「めあて」と「まとめ」の授業が変わる
「Which 型課題」の国語授業

2018（平成 30）年 10 月 1 日　初版第 1 刷発行

編著者　桂　　聖
著　者　N5 国語授業力研究会
発行者　錦織　圭之介
発行所　株式会社 東洋館出版社
　　　　〒113-0021　東京都文京区本駒込 5 丁目 16 番 7 号
　　　　営業部　電話 03-3823-9206 ／ FAX 03-3823-9208
　　　　編集部　電話 03-3823-9207 ／ FAX 03-3823-9209
振　替　00180-7-96823
ＵＲＬ　http://www.toyokan.co.jp
装　幀　藤原印刷株式会社
印刷・製本　藤原印刷株式会社

ISBN 978-4-491-03586-4
Printed in Japan

JCOPY ＜㈱出版者著作権管理機構 委託出版物＞
本書の無断複写は著作権法上での例外を除き禁じられています。複写される場合は，
そのつど事前に，㈱出版者著作権管理機構（電話 03-3513-6969，FAX03-3518-
6979，e-mail：info@jcopy.or.jp）の許諾を得てください。